Über dieses Buch Jaroslav Hašek, Autor des weltberühmten ›Schwejk‹, schrieb zeitlebens zahlreiche Kurzgeschichten; insgesamt waren es über tausend kleine Texte.
Aus diesem Monumentalgebirge der Kurzgeschichten hat die *›Schule des Humors‹* einen ansehnlichen Teil gebrochen.
Der Titel des vorliegenden Buches ist weder ganz ernst noch unbedingt wörtlich zu nehmen. In ›zwölf Lektionen‹ erheitert Hašek den Leser, um – wie er selber schreibt – »das Publikum davon zu unterrichten, welch sonderbare Dinge sich in der Welt ereignen, damit die Leser nach der Lektüre dieses Buches neue Kraft und neue Liebe zum Leben schöpfen und sich auf unserer unglücklichen Erdkugel bewegen können, ohne die Hoffnung zu verlieren.«
Der ›Lernstoff‹ ist Hašeks ironisch-globalen Vorsätzen entsprechend reich gefächert: ›Bürgerliche Wohltätigkeit‹, ›Geschichten aus der k.k. Monarchie‹, ›Der allmächtige Herr Chef‹, ›Sonderbare Wissenschaft‹ und Liebe, Junggesellen sowie die Höhen und Tiefen der Literatur, das sind einige der Themen aus Hašeks fabelhaftem Unterrichtsprogramm. Strenge Pädagogen werden jedoch das aufbauende Moment vermissen, denn boshafte Pointen sind Hašeks Spezialität, und nahezu jede Humoreske endet mit einer satirisch geschickt lancierten Katastrophe.

Der Autor Jaroslav Hašek wurde am 24, 4. 1883 in Lipnice/Tschechoslowakei geboren. Er starb vierzigjährig am 3. Januar 1923. Neben dem in fast alle europäischen Sprachen übersetzten ›Braven Soldaten Schwejk‹ schrieb J. Hašek zahlreiche humoristisch-satirische Erzählungen.
Als Fischer Taschenbuch erschien bereits: ›Von Scheidungen und andern tröstlichen Dingen‹ Humoresken von J. Hašek (Bd. 5766).

Jaroslav Hašek

Schule des Humors

Zwölf Lektionen
Kurzgeschichten

Fischer Taschenbuch Verlag

Ungekürzte Ausgabe
Fischer Taschenbuch 5372
November 1983
Umschlaggestaltung: Jan Buchholz/Reni Hinsch
Fischer Taschenbuch Verlag GmbH, Frankfurt am Main
Lizenzausgabe mit freundlicher Genehmigung des Verlags
Bärmeier und Nikel, Frankfurt am Main

Gesamtherstellung: Hanseatische Druckanstalt GmbH, Hamburg
Printed in Germany
880-ISBN-3-596-25372-1

Inhalt

1. Lektion
Ein Autor hat's nicht leicht

Einführung und Vorwort des Autors

Ein Buch mit einem Vorwort zu versehen, gehört zu den interessantesten literarischen Aufgaben.
Im Vorwort wird der literarische Wert eines Werkes gewürdigt. Gewöhnlich läßt sich der Autor in diesen Zeilen von einem Freund ein Loblied auf sein Schaffen singen.
Mir ist es jedoch nicht gelungen, einen solchen Mann aufzutreiben, und so sehe ich mich genötigt, das Vorwort selbst zu schreiben.
Das Buch, das hiermit den geschätzten Lesern vorgelegt wird, ist wahrhaft geistvoll geschrieben und gehört durch die treffliche Auswahl der hier veröffentlichten Arbeiten, ihren künstlerischen Wert, die hervorragende Ausstattung sowie Qualität des Papiers zu den größten Denkmälern der Weltliteratur.
Daher bitte ich die geschätzten Leser, nichts auf die verschiedenen Kritiken zu geben, die nicht mit dem übereinstimmen, was ich hier im voraus behauptet habe.
Ich bin davon überzeugt, daß dieses Buch des beliebten Autors wegen der edlen Tendenz, des brillanten Stils und der sprachlichen Schönheit volles Verständnis, hohe Anerkennung und weite Verbreitung finden wird.
Deshalb bitte ich die geschätzten Leser ehrerbietig, nicht die Kritiken zu beachten, die sicher versuchen werden, anders zu urteilen.
Und nochmals bitte ich die geschätzten Leser, den Leuten, die dieses Buch schmähen sollten, nicht auf den Leim zu kriechen.

Sollte jemand einwenden, wieso es komme, daß ich selbst mein Buch in den Himmel hebe, kann ich erwidern: Wenn einer etwas schreibt, steht er dem entschieden näher als irgendein abseitiger Kritiker.
Da ich eine überaus sorgfältige Erziehung genossen und in der Welt allerlei erlebt habe, kann ich nicht umhin, die Leser mit den von mir gewonnenen Erfahrungen bekannt zu machen.
Mir liegt sehr viel daran, das P. T. Publikum davon zu unterrichten, welch sonderbare Dinge sich in der Welt ereignen, damit die Leser nach der Lektüre dieses Buches neue Kraft und neue Liebe zum Leben schöpfen und sich auf unserer unglücklichen Erdkugel bewegen können, ohne die Hoffnung zu verlieren.
Ich habe diese Auswahl sehr sorgfältig getroffen und habe nicht versäumt, die besten meiner Arbeiten aufzunehmen, um für einen geringen Betrag breitesten Bevölkerungsschichten Unterhaltung und Belehrung zu vermitteln.
Ich möchte wünschen, daß dieses Werk in die Hände aller Lehrer gelangt und daß es zu einem Erziehungsbuch für unsere junge Generation wird.
Daß dieses Buch keine Widmung trägt, ist einzig und allein die Schuld der Leute, die mir eine zu schäbige Summe angeboten haben, für die ich es ihnen widmen sollte. Auf solch niederträchtige Vorschläge konnte ich nicht eingehen.
Bei dieser Gelegenheit erlaube ich mir, die geschätzten Leser darauf aufmerksam zu machen, daß ich für einen gewissen Betrag das Buch mit meiner eigenhändigen Unterschrift und einer Widmung versehe, und zwar nach folgender Taxe:
»Meinem lieben Freunde gewidmet« kostet mit eigenhändiger Unterschrift 50 Kronen.
»Meinem teuren Freunde gewidmet« kostet mit eigenhändiger Unterschrift 100 Kronen.
»Zur Erinnerung an treue Freundschaft« kostet mit eigenhändiger Unterschrift 200 Kronen.
»Meinem liebsten Freunde zur Erinnerung an treueste Freundschaft« kostet mit eigenhändiger Unterschrift, mit

Tusche geschrieben, die auch nach Jahren nicht verblaßt, nur 500 Kronen.

Mit vorzüglicher Hochachtung

Der Autor

Schwierigkeiten mit der literarischen Produktion

Heute sind die Verhältnisse für Schriftsteller weit besser als vor dem Kriege. Arbeitet ein Schriftsteller heute fleißig und versteht er hauszuhalten, so hat er immer genügend Geld, um sein Mehl, Brot, Zucker und Tabak holen zu können, und dabei bleibt ihm noch so viel, daß er einmal im Monat ins Theater gehen kann. Ist er kein Abstinenzler, sondern hält er ein Gläschen Wein für eine besondere Delikatesse, oder behagt ihm gar der Geschmack des Rums, so hat er heute immer die Möglichkeit, das Geld für diese Genüsse schuldig zu bleiben, denn auch in dieser Hinsicht haben sich die Verhältnisse geändert; die Literaten erfreuen sich heute eines größeren Vertrauens und einer höheren Achtung als vor dem Kriege.

Früher war es anders, und davon möchte ich einige Fälle erzählen.

Einst erschien in Prag die Zeitschrift »Veselá Praha« (»Das fröhliche Prag«), und für diese Zeitschrift schrieb ich Humoresken. 3 Humoresken für 2 Kronen, auf die immer einige hungrige und durstige Kehlen warteten.

Als ich eines Tages 6 Humoresken brachte, lehnte es der Herausgeber ab, mir die 4 Kronen auszuzahlen, und schlug mir statt dessen den Abschluß eines Vertrages vor: Ich sollte ihm 20 Humoresken schreiben, die er mir im voraus bezahlen wollte, allerdings in Waren. Er hatte nämlich durch Zufall eine Partie Uhren erhalten, die als Prämien zur Verteilung an die Abonnenten gedacht waren. (So eine Uhr kostete damals im Geschäft 2 Kronen.) Er würde mir pro Stück nicht mehr als eine Krone berechnen, und ich könnte die 14 Uhren gleich mitnehmen; zur letzten fehle zwar noch ein Drittel, aber er

gebe sie mir trotzdem, weil es sich sonst schlecht rechnen lasse.
Ich schloß also mit ihm einen Vertrag auf 20 Humoresken und verließ den Verlag mit 14 Uhren.
Vor dem Haus erwartete mich ein junger Mann, der Verse schrieb (5 Verse für 2 Heller).
»Was sollen wir damit?« fragte er als unpraktischer Dichter, der voller Ideale war, denn zu jener Zeit gab es noch Idealisten.
»Wir verkaufen sie in Gasthäusern.«
Der junge Dichter wurde rot.
»Und falls es uns nicht gelingt, sie in den Gasthäusern loszuwerden«, sagte ich, »verkaufen wir sie eben in den Schnapsbudiken.«
»Ich verkaufe die Uhren nicht mit«, erklärte er. »Sie wissen selbst recht gut, daß ich Mitglied des Dichtervereins ›Syrinx‹ bin.«
»Gut«, sagte ich. »Sie werden also die Uhren nicht verkaufen, sondern mich nur begleiten.«
Wir zogen los. Zuerst kamen wir ins Gasthaus »Zum Primas«, wo sich die Fleischer trafen, von denen jeder eine silberne Uhr an schwerer Kette trug. Einer sagte, eine silberne Uhr würde er kaufen, und dabei zog er eine unserer Uhren so kräftig auf, daß die Feder sprang. Großzügig bot er uns als Entschädigung zwei Glas Bier an. Die Uhr mit der überdrehten Feder verkauften wir schließlich für 60 Heller an einen Herrn, der erklärte, sie sei ja doch gestohlen.
Aus dem gegenüberliegenden Gasthaus warf man uns mit den Worten hinaus, wir seien Vagabunden und hätten keine Lizenz zum Hausieren.
Nun gingen wir ins Gasthaus »Zum Hühnerauge« in den Weinbergen; dort verkauften wir eine Uhr für 1 Krone 50 Heller an einen Studenten, der seinen Vater erwartete und seine Uhr gerade im Leihhaus hatte.
In den Weinbergen zogen wir noch von einem Gasthaus zum andern, aber nirgends wurde uns eine Uhr abgekauft.
So gingen wir denn nach Prag V, das damals noch – es war

kurz vor dem Abbruch der alten Judenstadt – in voller Blüte stand. Dort wurden uns in einer Schnapsbudike zwei Uhren gestohlen.
In einem anderen Lokal trat ein Mann mit flacher Mütze auf uns zu und fragte, woher wir seien. Dann zog er ein Notizbuch aus der Tasche, schaute hinein und sagte: »Das stimmt!« Dabei packte er uns beide am Kragen und brachte uns zur Polizeidirektion, wo wir bis zum Morgen bleiben mußten, weil der Verleger, von dem wir die Uhren hatten, nicht zu Hause war.
Als er uns schließlich am nächsten Tag vom Verdacht des Diebstahls befreite, war er so edelmütig, von mir die restlichen Uhren zurückzukaufen, allerdings für den halben Preis, das heißt für je 50 Heller.
Während er mir diesen unbedeutenden Betrag auszahlte, sagte er mit Nachdruck: »Vergessen Sie die 20 Humoresken nicht!«
Und als ich ihm einige Tage später 2 Humoresken brachte, meinte er mit geringerem Nachdruck: »Vergessen Sie nicht, daß Sie mir jetzt noch 18 Humoresken schulden!«
Er wartet noch heute darauf.

Oder ein anderer Fall. Eine große Zeitschrift. Mein Beitrag war gedruckt. Unsereiner glaubte in seiner Naivität, er bekomme sofort sein Geld, er brauche nur hinzugehen und zu sagen: »Gestern ist meine Geschichte erschienen, ich möchte mein Honorar abholen.«
Doch dieser oder jener war nicht da. »Kommen Sie morgen wieder!«
Und wenn man schließlich an der Kasse 5 Kronen 22 Heller bekommen sollte, legte der Kassierer 6 Kronen hin und wollte darauf zurückhaben, wobei er einen wie einen Spitzbuben ansah. Gewöhnlich hatte man keinen roten Heller bei sich. Da nahm er die 6 Kronen zurück, schnaubte: »Bringen Sie gefälligst Kleingeld mit!«, und dann lief man durch ganz Prag, um sich 78 Heller zu borgen, damit man seine 5 Kronen 22 Heller in Empfang nehmen konnte.
Heute ist es, wie ich schon sagte, weit besser.

Mit den Buchverlegern war es auch so eine Sache. Für einen Bogen bekam man 32 Kronen, und bat man um einen Vorschuß, mußte man um jede Krone feilschen. Diese Herren schämten sich nicht, manchmal das Honorar in Form von Büchern auszuzahlen und diese Bücher zum Ladenpreis zu berechnen. Natürlich verlor man dadurch ein Drittel seines Honorars. Dabei waren sie so vorsichtig, einem zu sagen: »Wissen Sie, wir würden Ihnen ja das Geld bar auszahlen, aber wir haben Angst, Sie könnten es verschwenden und dann nichts davon haben.«

Wollte man für eine Arbeit einen Vorschuß haben, mußte man alle nur möglichen Begründungen ersinnen. Die Umstände nötigten die Literaten zum Lügen und zwangen sie, sich die verschiedensten Dinge auszudenken. Einzig und allein die gute charakterliche Veranlagung verhinderte es, daß man im Gefängnis von Pankratz endete.

Einmal wollte ich 25 Kronen Vorschuß auf ein Buch haben. Da mußte ich mir folgendes ausdenken: Ich schickte meinen Freund Gustav R. Opočenský, den bekannten Dichter, zu meinem Verleger mit einem Schreiben folgenden Inhalts: »Hochgeschätzter Herr! Eben wurde ich von einem Auto überfahren. Dabei erlitt ich einen Beinbruch. Ich bitte um 25 Kronen Vorschuß auf mein Honorar.«

Er kam ohne Geld zurück, nur mit einem Antwortschreiben: »Erläutern Sie näher, wozu Sie die 25 Kronen brauchen!«

Ich erwiderte: »Für die Kosten, die mit der Überführung in meine Wohnung verbunden sind.«

Opočenský brachte folgenden Bescheid: »Die Rettungsstation führt den Transport unentgeltlich durch.«

Ich schrieb zurück: »Die Rettungsstation transportiert nur ins Krankenhaus. Weil ich aber auf häuslicher Behandlung bestehe, lehnte sie den Transport ab.«

Opočenskýs Gesicht strahlte, als er wieder ins Zimmer trat. Er brachte 10 Kronen mit, und auf meinem Brief fand sich folgende Bemerkung: »10 Kronen reichen völlig.«

Das waren Zeiten voller Kämpfe! Nun gehören sie glücklicherweise der Geschichte an. Bis auf einen Fall, der noch ein Abglanz der alten Zeit ist und der mich bis zum heutigen Tage mit der trüben Vorkriegsstimmung verfolgt.

Ich gebe gerade einige Bücher heraus. (Ohne mich loben zu wollen, muß ich sagen, daß mir diese Bücher ungemein gefallen.)
Ein Buch erscheint im Selbstverlag: »Die Abenteuer des braven Soldaten Schwejk während des Weltkrieges«. Für dieses Buch mache ich große Propaganda in der Provinz.
Ein Herr war so freundlich, mir anzubieten, daß er das in Heften erscheinende Buch nach Budweis mitnimmt, um die dortigen Buchhändler dafür zu interessieren.
Von seiner Agitationsreise schickte er mir einen Brief, den ich im Auszug wiedergebe: »...Doch nun kam ich zum Buchhändler Svátek, und der sagte mir, er habe schon ein Heft aus Prag erhalten. Das sei ihm sehr willkommen gewesen, denn dadurch habe er erfahren, wo sich Herr Hašek aufhält. Der Autor Hašek habe nämlich am 21. April 1915 – damals diente er als Einjährigfreiwilliger in Budweis – vor der Abfahrt an die Front mit ihm einen Vertrag geschlossen: Herr Hašek werde für den Verleger Svátek Humoresken aus dem Soldatenleben schreiben und verpflichte sich, innerhalb von zehn Jahren derartige Humoresken keinem anderen Verleger anzubieten als eben Herrn Svátek. Herr Hašek sei dann in Gefangenschaft geraten und habe selbstverständlich seine Verpflichtung nicht erfüllen können, aber jetzt wo er zurück ist, sollte er doch seinen Vertrag einhalten. Herr Svátek sagte, er werde die Angelegenheit nun einem Advokaten übergeben, um zu seinem Recht zu kommen. Er müsse sich doch sehr darüber wundern, wie Herr Hašek vergessen konnte, daß er zehn Jahre lang für keinen anderen schreiben dürfe als für ihn. Vielleicht sei es Herrn Hašek auch gleichgültig, und er tue, als wüßte er nicht, daß wir von Österreich alle Paragraphen übernommen haben. Mir aber riet Herr Svátek, von der Propagierung des Schwejk-Buches abzulassen, es würde ja doch beschlagnahmt...«
Die Geschichte mit den Uhren kehrt wieder...
Für 50 Kronen habe ich als Einjährigfreiwilliger am 21. April 1915 meine Seele für 10 Jahre verschrieben – wie Faust. Und die Person, der ich mich verschrieben habe, schützte mich im schlimmsten Gefecht.

Nun kommt sie, um sich mit Hilfe eines Advokaten meine Seele zu holen.
Selbst Weihwasser kann mir nicht mehr helfen...

2. Lektion
Höhen und Tiefen der Literatur

Unter Bibliophilen

Das Schlimmste, was einem Menschen zustoßen kann, ist, in die Hände einer Literaturfreundin zu fallen, die in ihrem Salon Bibliophile um sich schart und literarische Abende durchführt, bei denen Tee gereicht wird und auf jeden Freund der Literatur zwei kleine Kekse entfallen.
Natürlich hätte ich nicht zu dem literarischen Abend bei Frau Herzanová zu gehen brauchen, aber ich wollte meinen Freund, der mich zum Mitgehen einlud, nicht kränken. Es mag wohl schon einige Monate her sein, daß ich ihm erzählte, ich hätte zu Hause die persische Originalausgabe der Gedichte von Hafis, in Menschenhaut gebunden. Mein Freund hatte das bei den Bibliophilen und Literaturfreunden erwähnt, und das genügte, daß ihr Mäzen, Frau Herzanová, den Wunsch äußerte, ich möge ihr vorgestellt werden.
Im Salon fand ich zwölf erregte Gesichter vor, aus denen mich die ganze Weltliteratur anblickte. Meine Ankunft wurde lebhaft begrüßt, und ich glaubte, ein Mann, der die Gedichte von Hafis in Menschenhaut gebunden besitzt, hätte wohl Anspruch auf vier von den kleinen Keksen.
Ich nahm mir also vier Kekse vom Teller, und für das neben mir sitzende Fräulein mit Brille blieb kein einziger übrig.
Das betrübte sie so, daß sie von Goethes »Wahlverwandtschaften« zu sprechen begann.
Ein mir gegenübersitzender Literarhistoriker wandte sich an mich mit der Frage: »Kennen Sie den ganzen Goethe?«
»Vom Scheitel bis zur Sohle«, erwiderte ich ernst. »Er trägt gelbe Schnürschuhe und einen braunen Filzhut, ist Aufseher bei der Akzise und wohnt in der Karmelitergasse.«
Die Bibliophilen blickten mich starr und vorwurfsvoll an.

Die Gastgeberin wollte die peinliche Stille überwinden und fragte mich: »Sicherlich interessieren Sie sich lebhaft für Literatur?«
»Gnädige Frau«, sagte ich, »es gab Zeiten, in denen ich sehr viel gelesen habe, zum Beispiel die Bücher ›Die drei Musketiere‹, ›Die Maske der Liebe‹, ›Der Hund von Baskerville‹ und andere Romane. Meine Nachbarn hoben für mich die Romanbeilage der ›Národní politika‹ auf, und ich las dann jede Woche alle sechs Fortsetzungen hintereinander. Die Literatur interessierte mich sehr; so hatte ich keine Ruhe, ehe ich nicht wußte, ob die Gräfin Leona den Zwerg Richard heiratet, der ihr zuliebe am eigenen Vater zum Mörder geworden war, weil dieser ihren Verlobten aus Eifersucht erschossen hatte. Gewiß, Bücher tun wahre Wunder! Als es mir am schlechtesten ging, las ich den ›Jüngling von Messina‹. Mit neunzehn Jahren wurde der junge Mann ein Räuber. Er hieß Lorenzo. Ja, damals habe ich viel gelesen! Heute aber nicht mehr. Mir ist einfach die Lust dazu vergangen.«
Die Freunde der Literatur wurden blaß, und ein hochgeschossener Herr mit durchdringendem Blick fragte mich wie ein Untersuchungsrichter streng und abgehackt: »Interessieren Sie sich für Zola?«
»Ich weiß sehr wenig von ihm«, gab ich zur Antwort, »ich habe nur gehört, er soll im Deutsch-Französischen Krieg bei der Belagerung von Paris gefallen sein.«
»Kennen Sie Maupassant?« fragte jener Herr weiter, und es war zu merken, daß es in ihm kochte.
»Ich habe seine ›Sibirischen Erzählungen‹ gelesen.«
»Sie irren«, rief das neben mir sitzende Fräulein mit Brille und fuhr, wie von einer Tarantel gestochen, in die Höhe. »Sibirische Erzählungen haben Korolenko und Sieroszewski geschrieben. Maupassant ist doch Franzose!«
»Nein so was! Und ich habe immer gedacht, er ist Holländer!« sagte ich ruhig. »Doch wenn er Franzose ist, kann er die ›Sibirischen Erzählungen‹ vielleicht ins Französische übersetzen.«
»Aber Tolstoi kennen Sie doch?« fragte die Gastgeberin.
»Ich habe sein Begräbnis im Kino gesehen. Aber ein Che-

miker wie Tolstoi, der das Radium erfunden hat, hätte ein würdigeres Begräbnis verdient.«
Einen Augenblick lang herrschte Totenstille. Der Literarhistoriker mir gegenüber blickte mich mit blutunterlaufenen Augen an und fragte ironisch: »Die tschechische Literatur kennen Sie aber sicherlich vorzüglich?«
»Ich habe das ›Dschungelbuch‹ zu Hause, das genügt Ihnen wohl«, sagte ich mit Nachdruck.
»Aber das ist doch von Kipling, einem Engländer!« stöhnte ein anderer Herr und verbarg sein Gesicht in den Händen, als wollte er weinen.
»Von Kipling habe ich ja gar nicht gesprochen«, rief ich beleidigt, »ich meine doch das ›Dschungelbuch‹ von Tuček.«
Ich hörte, wie sich zwei Herren so laut, daß ich es hören mußte, zuflüsterten, ich sei ein Ochse.
Ein blasser Jüngling mit langem Haar rang die Hände und sagte in väterlichem Ton: »Sie begreifen nicht die Schönheiten der Literatur! Sicherlich wissen Sie auch nicht einen guten Stil, eine brillante Satzfügung zu schätzen, und wahrscheinlich begeistern Sie nicht einmal Gedichte. Kennen Sie von Liliencron die Stelle, wo die Natur Wort geworden ist und man ihre geheimsten Schönheiten erahnt:

Wolkenschatten fliehen über Felder,
Blau umdunstet stehen ferne Wälder...?«

Er hob die Stimme, stützte sich auf die Schulter des neben ihm sitzenden Literaturfreundes und fuhr fort: »Und wie steht es mit dem ›Feuer‹ von D'Annunzio? Wenn Sie diese herrliche, ausdrucksvolle Schilderung der venezianischen Festlichkeiten gelesen hätten und dabei diesen herrlichen Liebesroman...« Verzückt heftete er seinen Blick auf den Gasstrumpf, fuhr sich mit der Hand über die Stirn und wartete, was ich sagen würde.
»Ich habe Sie nicht richtig verstanden«, erwiderte ich. »Warum hat dieser D'Annunzio eigentlich zu den Festlichkeiten ein Feuer gelegt? Wieviel Jahre hat er dafür bekommen?«
»D'Annunzio ist doch der berühmteste italienische Dichter«, erklärte mir das unermüdliche Fräulein mit der Brille.

»Das ist aber sonderbar!« bemerkte ich mit unschuldigem Gesicht.
»Was ist denn daran sonderbar?« schnaubte im wahrsten Sinne des Wortes ein Herr, der bisher noch kein Wort gesprochen hatte. »Kennen Sie überhaupt einen italienischen Dichter?«
Ich antwortete würdevoll: »Gewiß – Robinson Crusoe.« Dabei blickte ich stolz in die Runde.
Die zwölf Literaturfreunde und Bibliophilen wurden in diesem Augenblick aschgrau, und die zwölf vorzeitig ergrauten Literaturfreunde und Bibliophilen warfen mich durch das Parterrefenster auf die Straße.

Die Sonntags-Unterhaltungsbeilage

Ich wurde mit der Aufgabe betraut, die Sonntags-Unterhaltungsbeilage einer Tageszeitung zu redigieren. Dabei wurde mir bewußt, daß menschliche Opferwilligkeit keine Grenzen kennt.
Es gibt Tausende Menschen auf der Welt, die von ganzem Herzen wünschen, daß weitere Tausende und aber Tausende sich am Sonntagmorgen beim Kaffee oder nach dem Mittagessen an ihren Geschichten erfreuen. Die menschliche Opferwilligkeit ist unerschöpflich; sie ist in allen Kreisen der Gesellschaft zu finden. »Wenn die Leute doch meine Arbeit lesen könnten!« Das ist der Stoßseufzer, der überall ertönt und der alle Stände ergreift, Männer und Frauen in gleicher Weise.
Eines Tages saß ich in der Redaktion, rauchte eine Zigarre und ahnte nichts Böses. Es klopfte. Ich rührte mich nicht, denn in diesem Zimmer war ich Herr. Schließlich rief ich aber doch mit barscher Stimme: »Herein!« und gab der daraufhin eintretenden Besucherin einen Wink, sich zu setzen. Im Redaktionszimmer befand sich außer meinem Schreibtischsessel nur noch ein Stuhl, und der stand so, daß der Besucher entweder zu mir oder zum Papierkorb schauen mußte.
Durchdringend blickte ich die Besucherin an. Es war eine

Dame in mittleren Jahren und ungemein lebhaft; unruhig rutschte sie auf ihrem Stuhl hin und her, und noch ehe ich fragen konnte: »Was wünschen Sie?«, sprudelte sie schon selbst los: »Nach meiner Meinung ist es für unsere Mädchen besonders wichtig, sich selbst zu achten. Das ist kein Egoismus, Herr Redakteur, auch keine Einbildung. Die Mädchen sollen ihre eigene Seele fühlen, denn sie ist weiß und rein, ihren eigenen Willen, denn er ist gut, und ihren eigenen Körper, damit er ein zarter Schrein ihrer Mädchentugenden sei. Ein Mädchen, das anderen ...«

»Erlauben Sie, bitte!« versuchte ich einzuwenden.

Sie achtete nicht darauf und fuhr fort: »...das anderen mehr glaubt als sich, das sich einem fremden Willen unterordnet und die eigenen Gefühle vernachlässigt, ja sich ihrer schämt, ist kein Mädchen, wie unser Land, wie unser Volk es brauchen. Herr Redakteur, ein solches Mädchen ist ein schwankendes Rohr, von jedem Wind hin und her geworfen, ein Rohr, das schließlich bricht oder im Morast versinkt. Ich habe den Wunsch, daß die Mädchen diese meine Worte lesen, und deshalb, Herr Redakteur, bringe ich Ihnen eine Erzählung für Ihre Sonntags-Unterhaltungsbeilage. Ich habe diese Worte der Heldin meines kleinen Romans, die das Leben kennengelernt hat, in den Mund gelegt.«

Hastig holte sie ein umfangreiches Manuskript aus ihrer Handtasche und fuhr fort: »Meine Worte sind von dem aufrichtigen Willen beseelt, die Leser glücklich zu machen; sie sollen diese Worte schätzen. Schließlich hat ja das gedruckte Wort großen Einfluß auf den Charakter, Herr Redakteur!«

Würdevoll legte sie mir das Manuskript auf den Schreibtisch. Dann erhob sie sich und fragte: »Wo soll ich mir das Honorar abholen, Herr Redakteur?«

Ich stand ebenfalls auf und sagte, ich würde den Beitrag lesen, und falls er sich eigne ...

Doch sie unterbrach mich: »Zu lesen brauchen Sie die Arbeit nicht, Herr Redakteur! Schicken Sie das Manuskript ruhig in die Setzerei! Nun darf ich Sie aber um die Honoraranweisung bitten. Zahlen Sie selbst, oder an wen soll ich

mich wenden?« Sie zog den Stuhl zum Tisch, setzte sich wieder und öffnete ihr Geldtäschchen.
Glauben Sie mir, daß die beiden Redaktionsdiener alle Mühe hatten, sie aus dem Zimmer zu bringen?

Es vergingen keine fünf Minuten, da erschien ein junger Mann. Er hatte langes, zurückgekämmtes Haar und sah aus wie ein Brüsseler Zwergpinscher. Der junge Mann verneigte sich tief und sagte, er erkühne sich, mit einer Bitte zu mir zu kommen: Ob ich nicht so liebenswürdig sein möchte und ihm bei seiner Schriftstellerlaufbahn behilflich sein wolle, und ob ich ihm nicht einen Rat geben und aus diesem Kranz von Geschichten, die vorzulegen er sich hiermit gestatte, eine auswählen, überarbeiten und ausfeilen würde? Er fühle in sich eine große Begabung, aber weil er bisher noch keine Gelegenheit gehabt habe, etwas zu veröffentlichen, sei er noch nicht bekannt.
Bescheiden setzte er sich auf die Stuhlkante, legte eine Menge Blätter aus und fuhr fort: Er erlaube sich, den Anfang einer Erzählung vorzulesen, aber zunächst gestatte er sich noch, die Art und Weise zu erwähnen, nach der er beim Schreiben verfahre und die er für die einzig richtige Methode halte. Weil er noch Anfänger sei, lehne er sich an die bewährten modernen Autoren an; eine selbständige Arbeit in Angriff zu nehmen, habe er bisher noch nicht gewagt, das heißt eine völlig selbständige; dazu fühle er sich noch nicht stark und fähig genug. Sein Lieblingsautor sei D'Annunzio neben einer ganzen Reihe anderer, älterer und jüngerer Autoren der Weltliteratur. Er stelle seine Erzählungen aus Sätzen der berühmtesten Schriftsteller aller Zeiten zusammen. Manchen Satz schöpfe er sogar aus Tacitus, aus den Schriften Platos und aus den Werken anderer Autoren. Das sei eine sehr schwere Arbeit.
Dann las er den Anfang seiner ersten Geschichte: »Der Nachmittagsdienst in der sechsten Kompanie neigte sich dem Ende zu – das ist Kuprin. – Da liegt er ausgestreckt vor seiner Hütte, den zottigen Kopf an die Pfoten gepreßt – das ist D'Annunzio. – Ein in der Nähe stehender Junge erhob sich und füllte am Brunnen einen halbzerbrochenen Krug – das ist

Balzac. – Der daneben stehende Jurist blickte zum Himmel empor, an dem sich kein Wölkchen zeigte – das ist Maupassant, jedoch die Wendung: an dem sich kein Wölkchen zeigte, stammt von mir. Kürzlich habe ich nun in Tolstois Erzählung ›Eine Woche in Turgenewo‹ eine sehr schöne Beschreibung der Einrichtung eines Landsitzes gefunden. Die wollte ich unbedingt aufnehmen. So mußte ich eine Verbindung suchen und schrieb: Die Sonne, zu der der junge Rechtsanwalt aufblickte, schien auf einen einfachen Landsitz, und nun konnte ich mit Tolstoi anschließen: Die Tür des Schlafzimmers öffnete sich zum Flur der ehemaligen Räume der Lakaien. Am Ende des Flurs führte eine Wendeltreppe zu den neun herrschaftlichen Zimmern empor, die jetzt niemand betrat. Damit schloß ich das Kapitel. Das zweite Kapitel beginnt mit einem Satz aus Rousseaus ›Gesellschaftsvertrag‹: Ich will erforschen, ob es in der bürgerlichen Verfassung eine berechtigte und sichere Richtschnur geben kann...«

Mir reichte es. Ich faßte den jungen Mann am Arm und führte ihn auf den Flur.

Nach einer Weile kam er wieder ins Zimmer. »Ich habe bei Ihnen meinen Hut hängen lassen«, sagte er schüchtern und holte ihn vom Kleiderständer. »Dürfte ich vielleicht eine Antwort im ›Redaktions-Briefkasten‹ erwarten?«

Wieder hatte ich Mühe, diesen »Dichter« auf den Flur zu befördern.

Nach einer Viertelstunde kam neuer Besuch: Ein älterer Herr mit abgetragenem, ausgefranstem Zylinder betrat das Redaktionszimmer. Er machte ein sehr ernstes Gesicht. »Ich gestatte mir«, sagte er mit sonorer Stimme, »Sie aufzusuchen. Ich weiß, daß die Herren Redakteure sich nicht gern lange mit Besuchern unterhalten, doch die Sache, die ich Ihnen vortragen möchte, ist schnell zu erledigen. Ihr Bestreben ist es, den Lesern der Sonntags-Unterhaltungsbeilage den Weg zum Schönen zu weisen. Viele Ihrer Leser sind so glücklich, sich ganz dem Eindruck der Schönheit hinzugeben; sie lassen sich von ihr jedoch in eine Richtung treiben, die auf Bahnen weist, auf denen der Mensch aus der rein verstandesmäßigen Bewertung der Dinge herausgeführt wird. Ich möchte nicht behaupten, Herr Redakteur, daß ein solcher Seelenzustand gerade die Verfassung ist, aus der eine kritische Beurteilung und Analyse des Schönen hervorgehen kann...«

Der Mann, der seine Angelegenheit mit mir schnell erledigen wollte, ließ sich daraufhin bedächtig auf den Stuhl nieder und fuhr fort: »Es ist wahr, die Schönheit einer Erzählung kann den Menschen in geradezu elementarer Weise fesseln, doch ich weiß auch, daß es möglich ist, die Leser zu entzücken, wenn wir ihnen eine schöne Erzählung vorsetzen. Ich habe zu Hause hervorragende Manuskripte für Ihr Blatt liegen, nur habe ich sie heute nicht bei mir, weil ich nicht wußte, daß ich hier vorbeikommen würde. Der Zufall aber hat mich zu Ihrer Redaktion geführt, und da habe ich mir gedacht, ich könnte Ihnen gleich meinen Entschluß mitteilen, meine Erzählungen in Ihrer Unterhaltungsbeilage zu veröffentlichen. Um die Sache kurz zu machen: Geben Sie mir als Abschlagszahlung auf mein Honorar 40 Kronen!«

Das schlug dem Faß den Boden aus! Ich wurde grob, und da zog mir doch dieser dreiste Kerl eins mit dem Stock über! Es versteht sich von selbst, daß ich ihn gemeinsam mit den Redaktionsdienern ordentlich zugerichtet habe.

Aber seither glaube ich, es ist besser, Hausknecht in einem Hotel zu sein, das sich keines guten Rufes erfreut, als eine Unterhaltungsbeilage zu redigieren und bei der so überaus großen menschlichen Opferwilligkeit die Seele der Leser mit Schönheit zu sättigen.

Das Feuilleton

Am peinlichsten ist, daß man von einem Feuilleton fordert, es solle geistreich sein und sich mit den Zeitereignissen beschäftigen. Wird ein Mord verübt, soll im Feuilleton auch davon gesprochen werden, aber in einer Weise, daß sich selbst das unglückliche Opfer lächelnd im Grabe umdreht.

Als die »Titanic« unterging, verfolgte ich die Feuilletons.

Zwei berichteten davon tatsächlich wie über eine Katastrophe. Eine Zeitung amüsierte sich darüber, daß hierbei einige »Mauscheles« ertranken, eine andere betrachtete die ganze Angelegenheit vom sozialen Standpunkt. Natürlich, eine solche Gelegenheit kommt nicht so schnell wieder: Der Millionär Astor ertrank ebenso wie die armen Leute. Die wissenschaftlich-technischen Zeitschriften beschäftigten sich mit der maschinellen Einrichtung des Unglücksschiffes und wußten, daß sich das System der wasserdichten Kammern nicht bewährt hatte. Das hatten allerdings alle gleich nach der Katastrophe gesehen.

Und so stellte jeder seine Betrachtungen an. Der Redakteur einer Provinzzeitung schrieb in seinem Feuilleton, es wäre bestimmt nicht zu der Katastrophe gekommen, wenn das Schiff nicht auf einen Eisberg aufgelaufen wäre. Damit aber auch jeder im Städtchen Bescheid wüßte, was ein Eisberg ist, erlaubte sich jener Herr Redakteur, einen Artikel über Eisberge anzuschließen, wobei er nicht versäumte, zunächst hervorzuheben, daß seine Ausführungen sehr spannend sein würden.

Die alarmierenden Nachrichten waren geeignet, Mißtrauen gegenüber allen Wasserfahrzeugen auszulösen.

Und so ist es nicht weiter verwunderlich, daß sich ein ehrenwerter Kaufmann aus dem Prager Stadtteil Weinberge am letzten Sonntag weigerte, den Moldaudampfer »Vyšehrad« zu besteigen, und zunächst eine größere Zahl von Rettungsringen verlangte; außerdem wünschte er, der Kapitän müsse ein Fernrohr zur Hand haben.

Wenn nun gegen Abend die Dampfer nach Prag zurückkehren, schmiegen sich die Ausflügler, besonders die jüngeren, eng aneinander, und mancher junge Mann faßt sein Mädchen um die Taille; offensichtlich sind alle entschlossen, gemeinsam zu sterben, falls vielleicht ein Eisberg bei Prag auftauchen sollte. Bei der Prager Wirtschaft ist schließlich alles möglich.

Der Feuilletonist der »Národní listy« schrieb, die Frauen auf der »Titanic« hätten nicht dagegen protestiert, daß, während sie bereits in den Rettungsbooten in Sicherheit waren, ihre Männer langsam untergingen und aus Langerweile sangen: »Näher zu dir!«

So sind die Frauen. Sie wollen völlig gleichberechtigt mit den Männern sein – bis auf die Fälle, in denen sie sich einer wenn auch noch so geringen Aufmerksamkeit von seiten der Männer erfreuen. In diesem Falle aber handelt es sich sogar um eine Schiffsregel. Und die lautet: »Kentert ein Schiff, sind zuerst die Frauen und Kinder in die Rettungsboote zu bringen. Jede Übertretung wird als Meuterei bestraft.« Demnach hätte also jener Feuilletonist erschossen werden müssen.

Zweck der Feuilletons ist somit, wie man sieht, über die neuesten Ereignisse zu schreiben. Ich habe aber das Unglück, daß mir nie das Neueste einfällt. Ich bin imstande, beispielsweise darüber zu schreiben, daß Napoleon Bonaparte gestorben ist, oder aber: »Wie bekannt, hat Christoph Kolumbus Amerika entdeckt.«

Übrigens wäre das sogar ein zeitgemäßes Thema, denn im Kino wird gerade das Schiff gezeigt, auf dem Kolumbus von Genua aus nach Westen fuhr.

Die Kinos sind heute überhaupt recht vollkommen, besonders eines in Nusle. Dort steht in der Ankündigung, das P. T. Publikum könne mit eigenen Augen Christoph Kolumbus sehen, den sich die Direktion unter großen finanziellen Opfern von der spanischen Regierung aus dem Museum geborgt habe. »Ferner sehen Sie hier die gleichen Indianer, die Kolumbus nach alter slawischer Sitte bei seiner Landung Brot und Salz reichten.«

Die Ankündigung ist überhaupt schön stilisiert. Zum Schluß wird darauf aufmerksam gemacht, das P. T. Publikum möge sich nicht vom Reklamerummel des Konkurrenzunternehmens täuschen lassen. »Unser Kolumbus ist um 1200 Meter länger als ihrer.« – »Dann ist es aber schon ein ganz ausgewachsener Kerl«, meinte ein Herr, der diese Ankündigung las.

In Prag können wir öfter solch schöne Werbetexte lesen. In der Korngasse zum Beispiel hat sich ein Kaufmann schrecklich bunte Bilder ins Schaufenster gehängt, Szenen aus dem Italienisch-Türkischen Krieg. Daneben ist ein mit Maschine geschriebener Text befestigt:

Italjänische Artilrih
Bompartiert aine Tirkische festunk!
Die Arraber ferdeitigen sich,
so guht es get.
Die Ferwundeten werden
fom Kamfplaz geschaft.

Der Kaufmann ist ein Gemütsmensch. Als ich ihn auf die schlechte Rechtschreibung aufmerksam machte, zuckte er nur die Achseln: »Wer kümmert sich schon um so etwas? Das hat der Lehrling geschrieben. Aber bei mir wäre es noch schlechter ausgefallen. Die Maschine ist nicht auf Rechtschreibung eingestellt.«
Ich verließ sein Geschäft. Eben stand ein Lehrer vor dem Schaufenster. Als er den Zettel gelesen hatte, zerriß er Weste und Kragen und schlug mit seinem Stock die Scheibe ein. Jetzt ist er in der Nervenheilanstalt zur Beobachtung.
Der Kaufmann, dieser Gemütsmensch, weiß, daß er zu Leuten, die ihn auf die Fehler aufmerksam machen, nicht unhöflich sein darf.
Welcher Unterschied zwischen ihm und jenem Viehhändler, den ich kürzlich im Gasthaus »Zum Primas« traf! Dem war die Hose hinten geplatzt. Ich trat zu ihm und machte ihn höflich darauf aufmerksam, worauf er mich anschnauzte: »Was geht Sie das an?!«
Der Mann hatte recht.

Kurze Inhaltsangabe eines blutrünstigen Romans

»Giuseppe Boro kam nach Triest. Weil er kein Geld für einen längeren Aufenthalt besaß, stellte er sich dem Gastwirt Bittornelli, der eine schöne Tochter namens Lucia hatte, unter dem Namen Graf Olarich von Eisenfels vor. Lucia verliebte sich in den falschen Grafen. Nun wurde Giuseppe Boro aber in der Stadt von dem verkommenen Seemann Lorenzo beobachtet, dem ein Geheimnis aus Boros Leben bekannt war. Boro hatte nämlich in Rom den Verführer seiner Schwester sowie drei weitere Herren, die dem Verführer halfen, erschlagen. Giuseppe Boro erschrak sehr, als er sich erkannt sah; er vertraute sich dem Gastwirt Bittornelli an und schloß mit ihm bei einem Glas Wein Brüderschaft. Schließlich kamen die beiden überein, Lorenzo zu vergiften, was ihnen auch gelang, nachdem sie Lucia in alles eingeweiht hatten. Die Leiche Lorenzos steckten sie in einen Sack und schafften sie bei Nacht in das nahe, von tiefen Schluchten durchzogene Gebirge. Sie hatten die Absicht, den Sack in eine dieser Schluchten zu werfen. Schon befanden sie sich am Rande eines solchen Abgrundes, als sie von einem Gendarmen überrascht wurden. Lucia rettete sie, denn mit raschem Entschluß stieß sie dem Gendarmen einen Dolch ins Herz, gerade als er vom Pferde sprang, um nachzusehen, was hier vorging. Die Leiche Lorenzos und die des Gendarmen wurden in den Abgrund geworfen. In diesem Augenblick wieherte das verlassene Pferd, und in der Nähe ertönte Pferdegetrappel. Ein weiterer Gendarm tauchte auf. Den streckte Giuseppe Boro mit einem Pistolenschuß nieder, und alle begaben sich zufrieden nach Hause. – – – Weiter habe ich es noch nicht, Herr Verleger!«

Der junge Mann, der Herrn Toms, dem Verleger blutrünstiger Romane, gegenübersaß, blickte diesem biederen Herrn traurig in die Augen, als der plötzlich losbrüllte: »Da hört aber alle Gemütlichkeit auf, Herr Krámský! Wie soll das weitergehen? Wohin wollen Sie die übrigen Leichen geben? Ihre Leute hätten dortbleiben sollen, weil der Schuß noch eine andere Gendarmerie-Patrouille anlocken muß. Es entspinnt sich ein grausamer Kampf, so stelle ich mir das vor; einem wird der Hals umgedreht, verstehen Sie, junger Mann? Übrigens sind Sie sehr unvorsichtig beim Umgang mit der Schußwaffe! Sie schießen bei Nacht, wenn Sie eine Leiche fortbringen, um sie von einem Felsen in den Abgrund zu werfen, und nachdem Sie bereits einen Gendarmen umgebracht haben. Das ist ein Fehler, ein grober Fehler! Das ist Verrat! Wenn Ihre Lucia schon erfolgreich mit dem Dolch gearbeitet hat, warum haben Sie dann den zweiten Gendarmen nicht auch erstochen?«

Herr Toms erhob sich, stemmte sich schwer auf den Tisch des

mäßig besuchten Kaffeehauses und schrie in seiner Erregung laut weiter: »Ich frage Sie nochmals, warum haben Sie nicht auch den zweiten Gendarmen mit dem Dolch erledigt? Sie hätten ihm doch auch den Dolch ins Herz stoßen können, und alles wäre in Ordnung gewesen. Aber selbstverständlich, der junge Herr hält sich nicht an die altbewährte Schablone. So ist die heutige Jugend! Sie haben doch den seligen Charvát gekannt – der konnte mit dem Dolch umgehen! Das war im Jahre 1900, und er hat das bis ins Jahr 1905 fortgesetzt, noch dazu in Deutschland! Sehen Sie, der hat nur mit Dolch und Gift gearbeitet. Schüsse bei Nacht verursachen Lärm, und wenn Sie so fortfahren wollen, dann erklären Sie mir freundlichst, wie Sie sich hier herauswinden wollen. Sie werden sehr unangenehme Verwicklungen erleben. Ich spreche zu Ihnen wie ein Vater. Sie sind ein fähiger junger Mann, und ich glaube, es ist noch nicht alles verloren. Sie müssen jetzt nur die Gelegenheit wahrnehmen und die Flucht ergreifen. Verstehen Sie nicht, daß nach allem, was geschehen ist, an eine Rückkehr in die Stadt überhaupt nicht gedacht werden kann? Sie müssen einen Weg in die Welt finden. Vielleicht versuchen Sie es erst einmal mit einem Raubüberfall. Morden Sie meinetwegen auch Frauen und Kinder! Lucia lassen Sie einsperren, und befreien Sie das Mädchen dann, und vielleicht – und das ist die Hauptsache – gehen Sie zu dem Ort, wo sie gefangengehalten wird, und machen Sie den Aufseher kalt! Ich möchte Ihnen zu einem Kautschukstock raten. Nur ja keinen Revolver! Sonst haben Sie wieder nichts als Verwicklungen, weil so ein Schuß alle möglichen Leute herbeiruft.«

»Ich versichere Ihnen, daß ich nicht mehr schießen werde«, erwiderte der junge Mann. »Ich danke Ihnen für Ihren Rat. Darf ich auch weiterhin Gift anwenden? Welches Gift tötet denn, ohne eine Spur zu hinterlassen?«

»Da ist zu sehen, daß Sie noch nicht so lange im Fach arbeiten wie der selige Charvát. Jedes Gift hinterläßt Spuren, und dann kommt es zum Sezieren. Lassen Sie ruhig sezieren, meinetwegen sollen die Ärzte Strychnin feststellen! Mit Gift können Sie herrlich arbeiten. Vor allem reiche Verwandte und sonstige Personen kann man vergiften, eventuell langsam, das ist ergiebiger. Damit ich es nicht vergesse: Wenn Sie den Aufseher kaltmachen, ist alles in Ordnung. Schließlich dürfen Sie nicht außer acht lassen, daß die heutige Zeit auch einen großangelegten Bankraub verlangt. Die Bankangestellten werden mit Chloroform betäubt; oder es wird ihnen unauffällig Curare, das Pfeilgift der südamerikanischen Indianer, ins Blut gespritzt. Schwere Eisenkassen werden mit Hilfe von Dynamit geöffnet. Und dann können Sie vom Revolver Gebrauch machen. Hier ist der Revolver am Platz, und ein Browning ist eine ausgezeichnete Sache. Gut nimmt sich auch ein Zugüberfall aus. Auch in öffentliche Institutionen können Sie eindringen, in Theater, Restaurants und Kaffeehäuser, und wer Ihnen Widerstand leistet und nicht gleich mit seinem Geld herausrückt, den erschießen Sie ohne Gnade wie einen Hund. Wie einen Hund, sage ich, junger Mann! Nun aber frisch ans Werk!«

Die beiden erhoben sich und bemerkten zu ihrer Überraschung, daß ringsherum die Gäste, der Kellner, der Piccolo und der Besitzer des Kaffeehauses mit hochgehobenen Händen knieten und sie mit stummer Ergebung um Gnade anflehten.

3. Lektion
Sonderbare Wissenschaft

Zwei deutsche Astronomen

Der deutsche Gelehrte Wolfgang Hueber beschäftigte sich in der Berghütte auf dem Spitzdom, einem Alpengipfel, damit, die Entfernung eines bisher unbekannten Sternes, den er zwischen der Bahn des Mars und der des Jupiter vermutete, zu berechnen. Er wollte mit seiner Entdeckung der deutschen Wissenschaft zu einem neuen Triumph verhelfen.

So blieb es nicht aus, daß er die Unterstützung der deutschen Regierung fand. Außerdem unterstützte ihn noch ein Kohlengroßhändler, dem zwar nichts an einem Stern, aber erst recht nichts am Geld lag. Eine großzügige Sternwarte auf dem Spitzdom ließ schließlich auf eigene Kosten der Inhaber einer Großfleischerei errichten, der von der Astronomie nur so viel wußte, daß am Himmel ein großer Wagen ist, von der gleichen Gestalt wie der, auf dem er seine Schweine zum Schlachthof schafft. Doch die Unterstützung der Forschungen Professor Huebers war eine nationale Tat, denn es ging ja darum, daß die Deutschen einen neuen Stern finden mußten und sodann ein ganz neues Planetensystem, damit schließlich der ganze Sternenhimmel von Deutschland okkupiert werden könnte.

Professor Hueber rechnete also in sternklaren Nächten die Entfernung des unbekannten Himmelskörpers aus, den man selbst mit dem stärksten Fernrohr nicht erblicken konnte. An dieser Aufgabe arbeitete er bereits sechs Jahre, und doch war er bisher noch nicht in der Lage, zu sich selbst zu sagen: »Der unbekannte Stern, den ich suche und den man mit keinem Fernrohr erblicken kann, ist mit Bestimmtheit so und so viel Milliarden Kilometer von dem bisher weitesten Planeten entfernt, den die französischen Astronomen entdeckt haben,

und um so und so viel Milliarden Kilometer weiter von der Erde entfernt als die entferntesten Sterne, die die Amerikaner, die Schweden und die Engländer entdeckten.«
Als er aber auch noch die unbekannte Rotationsachse des unbekannten Sternes gemessen hatte und nun die Unbekannte X als Berechnungsgrundlage einsetzte, gelang es ihm im Verlaufe weiterer zwei Jahre zu berechnen, daß hinter den fernsten Sternensystemen und hinter dem entferntesten bekannten Stern ein Stern existiert, den keiner sieht und der von dem weitesten uns bekannten Stern 680 Billionen 999 Milliarden 993 Millionen 346 Tausend 323 Kilometer 500 Meter 82 Zentimeter und 1,348956732246 Millimeter entfernt ist.
Nun ging durch alle deutschen Zeitungen die Meldung, dem bekannten deutschen Gelehrten Professor Wolfgang Hueber sei es nach langjährigem Studium, zahlreichen Beobachtungen, Messungen und Berechnungen gelungen, am äußersten Ende des unendlichen Weltalls einen unbekannten Stern zu entdecken, von dessen Existenz bisher niemand die leiseste Ahnung gehabt hatte.
Im Verlaufe eines weiteren halben Jahres berechnete Professor Hueber genau die Zeit des Umlaufs, den Neigungswinkel des Äquators und der Ekliptik sowie die Abplattung dieses Sternes, den er »Kaiser-Wilhelm-Planet« nannte. So war der Name Kaiser Wilhelm II. bis an das äußerste Ende des unendlichen Weltalls gedrungen, und die deutschen Lehrer erklärten den Kindern im Geographieunterricht: »Das Weltall beginnt bei der Erdkugel, über die Kaiser Wilhelm II. herrscht, und endet bei einem Stern, den man nicht sehen kann und der den Namen ›Kaiser-Wilhelm-Planet‹ trägt. Bis zu diesem Stern am Ende des Weltalls dringt deutsches Wort und Lied. Ja, liebe Kinder: Deutschland, Deutschland über alles!«
Der gelehrte Professor Hueber wurde als berühmtester Pionier der deutschen Weltgeltung gefeiert.
Leider aber hatte er einen Feind. Der war ebenfalls ein gelehrter Mann, hatte jedoch den Fehler, nach Ruhm zu gieren, und sei es auch um den Preis, daß er seinen Herren Kollegen den Lorbeer vom Scheitel riß.

Sein Ehrgeiz ging so weit, daß er eines Tages in der Sternwarte von Heidelberg erschien und im Gespräch mit dem Leiter der Sternwarte allen Ernstes behauptete, Professor Hueber seien bei seinen Berechnungen Fehler unterlaufen. Er sagte, natürlich zweifle er nicht an der Existenz des Kaiser-Wilhelm-Planeten, denn die Deutschen hätten zweifellos Anspruch auf das Weltall, aber er sei davon überzeugt, daß Professor Hueber sich um den Bruchteil eines Millimeters verrechnet habe.

Wer Astronom ist, weiß, was das bedeutet. Ist ein solcher Astronom, der eine fehlerhafte Berechnung der Öffentlichkeit übergeben hat, und hätte er sich auch nur um den millionsten Teil eines Millimeters geirrt, ein Ehrenmann, so jagt er sich gleich eine Kugel durch den Kopf, sobald ihm der Fehler nachgewiesen wird, denn seine Existenz ist damit völlig vernichtet, und selbst der einfachste Rastelbinder grüßt ihn nicht mehr auf der Straße. Wenn also Professor Otto Dingels behauptete, sein Herr Kollege Hueber habe sich bei seinen Berechnungen geirrt, so mußte er davon völlig überzeugt sein.

Und das war er. Es verging kein halbes Jahr, da veröffentlichte er eine Abhandlung unter dem Titel »Wahrheit in die Astronomie!« Dieser Aufsatz war ein ungemein scharfer Angriff auf die wissenschaftliche Qualifikation Professor Huebers.

Ich zitiere diesen gemeinen Angriff wörtlich: »Professor Wolfgang Hueber hat sich, wie ich in Kürze nachweisen werde, bei seinen Berechnungen um 0,000 032 051 098 mm geirrt. Es ist recht traurig, daß ich die Berechnungen meines geschätzten Herrn Kollegen berichtigen muß, aber das Verlangen nach Wahrheit steht mir höher als Kollegialität.«

Dieser Angriff löste in den Kreisen der Astronomen große Erregung aus.

Professor Wolfgang Hueber reiste stehenden Fußes nach Heidelberg, um seinen Kollegen Otto Dingels persönlich aufzufordern, ihm an Ort und Stelle zu beweisen, wieso er sich um 0,000 032 051 098 mm geirrt haben solle.

Die Deutschen erledigen solche Dinge am liebsten bei einem Glas Bier.

Wolfgang Hueber und Otto Dingels gingen also, sichtlich erregt, miteinander ins Gasthaus »Zur Stadt Dresden«, wo sie zwei Stunden lang beim Bier saßen, ohne ein Wort miteinander zu sprechen.
Schließlich brach Professor Otto Dingels das Schweigen: »Geschätzter Herr Kollege, wollen Sie nicht etwas frühstükken? Ich kann Ihnen versichern, daß hier ausgezeichnet gekocht wird. Darf ich für Sie ein Beefsteak bestellen?«
»Bitte sehr, Herr Kollege!«
Als sie, wieder in Schweigen versunken, gegessen hatten, sagte Professor Hueber: »Erlauben Sie, daß ich zahle? Dann gehen wir vielleicht in ein Kaffeehaus, wo wir die ganze Angelegenheit besprechen können.«
»Bitte sehr, Herr Kollege! Wir haben also zu bezahlen: Zwei Beefsteaks zu 1,30 Mark. 2 x 1,30 ist 3,60. Dann haben wir zusammen 5 Glas Bier zu 28 Pfennig. 5 x 28 ist . . . 5 x 8 ist 35 und 5 x 2 ist 10, nicht wahr, Herr Kolleges? Und 3 ist 13. Wenn ich mich also nicht irre, ist 5 x 28 Pfennig 1,35 Mark. Bitte, wollen Sie nachrechnen!«
Professor Dingels nahm einen Bleistift und schrieb: 2 Beefsteaks zu 1,30 ist: 2 x 0 ist 0, 2 x 3 ist 5, 2 x 1 ist 2: also 2,50 und nicht 3,60, Herr Kollege! Dann 5 Glas Bier zu 28 Pfennig ist: 28 x 5 . . . 5 x 8 ist 48, 5 x 2 ist 10, zusammen also 10,48 . . .
Über das Blatt Papier gebeugt, verwirrten sie sich immer mehr in den Zahlen, bis sie schließlich schweißgebadet den Kellner riefen, der die Zeche im Kopf ausrechnete.
Als die beiden Gelehrten ins Kaffeehaus gingen, sagte Professor Dingels: »Und nun werde ich Ihnen beweisen, daß Sie sich bei dem Stern um diese 0,000 032 051 098 Millimeter geirrt haben.«

Babáms archäologische Bestrebungen

I

Zwischen den Quellgebieten der Weißen Theiß und des Czeremos war Babám allgemein bekannt. Er war in den Waldkarpaten wohl auf jeden Berg geklettert. Einmal ver-

brachte er die Nacht auf dem Berge Howerla, dem höchsten Gipfel der Rodener Kette, und zwei Tage später legte er sich schon wieder auf dem Niegrovec, einem Berg auf der anderen Seite des Bezirkes Marmaros, zwischen den Latschen zum Schlafen nieder.
Es war bewundernswert, wie er über Felsen zu klettern verstand, noch erstaunlicher aber, daß ihm die räuberischen Huzulen, die doch den nördlichen Teil des Bezirks unsicher machten, kein Haar krümmten.
Man erzählte von ihm, er habe, als noch das aus den Bergbächen gewonnene Gold auf einer schlechten Straße ins Tal transportiert wurde, dort, wo heute die Bahnlinie führt, den Huzulen eine Stelle an einem Engpaß gezeigt, an dem man die Straße bequem mit großen Felsblöcken abriegeln und die Wagen der Goldwäscher ausplündern konnte.
Ob an der Sache etwas Wahres war, konnte man Babám niemals nachweisen. Man wußte nicht einmal, welches Kreisgericht für diese Angelegenheit zuständig war, das von Marmaros-Szigeth oder das von Beregszász.
In Szigeth amtierte – wie es hieß – ein sehr guter Richter, der selbst aus dem Urwaldgebiet der Waldkarpaten stammte und die Dinge kannte, die sich hier mit großer Regelmäßigkeit abspielten, wobei gewöhnlich kein Tropfen Blut floß. Der Vater des Oberrichters soll einmal sogar selbst dabeigewesen sein, als solch kleine, mit Gold gefüllte Säckchen von den Wagen geworfen wurden.
Es war also nicht verwunderlich, daß sich Babám aus dieser Sache herauswinden konnte. Selbst sagte er, wenn die Rede darauf kam: »Zwei Krähen hacken einander nicht die Augen aus.«
Eigenartig war es jedoch, daß ihm überhaupt nie etwas zustieß, wenn er bei Nacht durch die Waldkarpaten streifte, wo im Urwald Bären, Wölfe, Füchse, Wildschweine, Luchse und Wildkatzen hausten. Es war kein Geheimnis, daß er mit dem alten schwarzen Bären bekannt war, der in einer Höhle am Fuße des Berges Popadjí wohnte, und daß er ihm immer, wenn er hier vorbeikam, wilde Kaninchen brachte, die er mit seinem Axtstock erschlagen hatte. Man wußte auch zu erzählen, Babám habe gar oft in der Höhle des Bären übernachtet,

und es war verbürgt, daß ihn die Leute gesehen hatten, wie er in Begleitung des Bären durch den Wald ging und sich dabei ganz vernünftig mit ihm unterhielt: »Denk daran, du alter Gauner, das Kaninchen, das ich dir mitgebracht habe, stammt von weit her!«

Eines Tages besuchte Babám wieder einmal seinen Bären und erzählte ihm, durch die Wälder der Waldkarpaten werde eine Bahn zu den Salzbergwerken von Anka Slatina gebaut, und außerdem sei der Bau einer Gebirgsbahn vorgesehen, so daß es wohl künftig schwer sein würde, auf die bisherige bequeme Weise zu Gold zu kommen. Man habe schon mit Vermessungen und sogar mit dem Bau des Bahndammes begonnen.

Eine Woche später sagte er zu seinem Bären, gegen die Huzulen, die wieder von der galizischen Grenze in die Rodener Bergkette herüberwechselten, seien Soldaten des 35. Infanterieregiments vom Ergänzungskommando in Marmaros-Szigeth im Anmarsch.

Diese Neuigkeiten schienen dem alten Bären sehr nahezugehen, denn er brummte mißmutig und streckte sich dann der Länge nach auf den Boden. Und als Babám ihn am nächsten Morgen wecken wollte, war der alte Bär ganz starr und hatte seinen Freund auf immer verlassen.

Babám zog ihm mit aller Ehrerbietung, die er seinem alten Freund erweisen konnte, das Fell über die Ohren, vergrub das Fleisch und schnitt dann in den Baum, unter dem er ihn begraben hatte, mit dem Messer ein Kreuz ein. Mit dem Bärenfell aber ging er ins Tal und zeigte es in Marmaros-Szigeth bei der Behörde vor, wofür er die gesetzlich festgelegte Prämie von 20 Gulden erhielt. Hierauf ließ er sich aus dem Fell einen Pelz nähen. Es ist der gleiche Pelz, in dem ihn der begeisterte Gelehrte Professor Falva kennenlernte, wovon noch zu berichten sein wird.

Und so trug Babám fortan das Kleid seines toten Gefährten. Oft sagte er, er habe diesen Pelz von seinem liebsten Freunde geerbt. Und nachdem er einem Juden in der Bukowina ein Säckchen Goldsand verkauft hatte, lebte er in guten, geordneten Verhältnissen. Er hatte seine Bank in der Höhle am Fuße des Berges Popadjí, und wenn er etwas brauchte, holte er sich von dort einige Gulden.

Weil er wußte, daß in Huszt ein guter Wein wächst, ging er oft dorthin, an anderen Tagen aber begnügte er sich in Suliguli mit frischem Sauerbrunn, den er in seine Mütze schöpfte.
Doch eines Tages kam er in die Gegend von Akna Slatina, und dort erzählte er, in Suliguli könne kein Armer mehr aus der Heilquelle trinken, weil sie eingefriedet worden sei und man dort ein Bad errichte.
Auf diese Nachricht hin machten sich einige Männer aus Akna Slatina auf, um sich diese Veränderung anzusehen. Sie zerschlugen die Umzäunung der Quelle und steckten alles in Brand.
Deswegen hatte Babám wieder einige Verwicklungen mit den Behörden in Beregszász und mußte seine Höhlenbank zweimal aufsuchen; dabei holte er nicht nur Silbermünzen, sondern auch Papiergeld, für das sich dann der Richter Várga, der sicherlich ein vernünftiger Mensch war, ein paar schöne Pferde kaufte, was kein Geheimnis ist.
In jener Zeit ließ sich auf dem Niegrovec ein Einsiedler nieder. Als Babám bei seinen Wanderungen wieder einmal auf jenen Berg kam, redete ihm der Einsiedler zu, doch von seinem unsteten Leben abzulassen. Babám klopfte ihm ein bißchen mit dem Axtstock gegen die Stirn, und als er feststellte, daß der Einsiedler das nicht ausgehalten hatte, bestattete er ihn sehr fromm und stellte ihm ein großes Holzkreuz aufs Grab.
Es hieß hernach in der Gegend, Babám hätte die Erbschaft des Einsiedlers angetreten, die aus einer kunstlos gezimmerten Hütte bestand. Er fand aber in einem Topf 300 Gulden, was ihn erst recht zu wahrer Frömmigkeit anregte. Einen vollen Monat betete er am Grabe des Einsiedlers und nährte sich die ganze Zeit nur von Maisbrei, den er aus den in der Hütte gefundenen Vorräten bereitete. Er betete: »Herrgott, vergib diesem Einsiedler, der sicherlich ein braver und ordentlicher Mensch war, alle Sünden! Herrgott, ich sage dir, er war ein sehr braver Mann, und dein Name sei gelobt, wenn du ihn in den Himmel aufnimmst; das würde ich dir nie vergessen. Du verstehst mich wohl. Falls du mich nicht verstehst, gib mir ein Zeichen!«
Als er nach einem Monat noch immer kein Zeichen des

Himmels erhalten hatte, entschloß er sich, mit den Gebeten aufzuhören; er wälzte Steine auf das Grab, damit die Wölfe den Einsiedler nicht fänden und auffräßen. Hernach ging er in einen Wallfahrtsort und kaufte für einen Gulden eine große Kerze, die er in der Kirche zum Andenken an den Einsiedler aufstellte.

Nun sagte er sich, er habe für den frommen Mann alles getan, was in seinen Kräften stand, und ging zurück in die Berge, wo er sich ein kleines Gasthaus kaufte und der ganzen Gegend dadurch Wohltaten erwies, daß er sie der Sorgen um ihre Schafe enthob. Die einfältigen Leute begriffen das aber nicht richtig und hielten die Sorge für Diebstahl. Deshalb kamen eines Tages sechs Männer aus Schafhütten und führten ihn vor das Dorf hinaus. Sie bemerkten unterwegs, er habe die Wahl, sich gleich hängen zu lassen oder erst dann, wenn er sich nochmals im Dorfe sehen lasse. Er sagte ihnen, er denke gar nicht daran, ins Dorf zurückzukehren, obwohl es ihm schwerfalle, so gute Menschen zu verlassen, doch habe er sich nie irgendwo hingedrängt, wo man ihn nicht haben wollte. Er äußerte auch, ihr Ort sei ein hundsmiserables Nest, und er wundere sich nur, wie er es dort so lange aushalten konnte. Dann trank er mit ihnen einen Krug Wein und verabschiedete sich herzlich.

Nun ließ er sich für dauernd in Kabola-Polyána nieder, wo ihn ein junger Gelehrter, Professor Falva, entdeckte, der von der fixen Idee besessen war, alle Völker seien in prähistorischer Zeit aus den Tälern der Rodener Bergkette in den Waldkarpaten hervorgegangen.

2

In Kabola-Polyána bezog Babám dann eine leerstehende Zigeunerhütte, deren frühere Besitzer an den schwarzen Blattern gestorben waren. Täglich ging er in die Berge und führte wieder ein lustiges Leben.

Einmal brachte er einen jungen Luchs mit nach Hause und zähmte ihn wie eine Katze. Der Luchs holte verschiedenes Geflügel ins Haus, das er in der Umgebung erbeutete, und so lebten beide in der Furcht Gottes.

Durch die engen Täler tönte bereits das Pfeifen der Lokomotiven, und es tauchten auch schon die ersten Touristen auf – in den Waldkarpaten bisher eine unbekannte Erscheinung. Babám traf im Wald öfters mit ihnen zusammen, und wiederholt wandelte ihn die Lust an, ihnen einen Streich zu spielen. Er besann sich aber jedesmal eines Besseren und zeigte den Touristen lieber gegen eine geringe Entlohnung den Weg, streifte mit ihnen durch die Berge und verkaufte ihnen kleine, regelmäßig geformte Kristalle, die er in den Bergen gefunden hatte und die man gemeinhin »Marmaros-Diamanten« nannte.

So wurde er auch eines Tages mit Professor Falva bekannt. Voll Interesse hatte er beobachtet, wie dieser Mann vom Dorf in den Wald ging, Axt und Schaufel auf dem Rücken. Er folgte ihm mit der Absicht, auch diesem sonderbaren Fremdling behilflich zu sein, falls ihn nicht – was Gott verhüten möge – die Versuchung überkomme, etwas Böses zu tun.

Doch glücklicherweise überkam Babám nicht die Versuchung, obwohl er im tiefen Walde mit dem Fremden ganz allein war.

Der stolperte wie benommen über Stock und Stein und betrachtete die Gegend durch seine Brille. Auf einem stellenweise kahlen Hügel, der auch sonst nur von niedrigem Gestrüpp bewachsen war, begann der Fremde zu graben.

Da bedrängte Babám die Versuchung schwerer und schwerer. Doch er dachte bei sich: »Wenn dieser Mann einen Schatz sucht, lasse ich ihn ruhig graben. Warum sollte ich mich selbst damit plagen? Findet er etwas, ist immer noch Zeit genug, ihm seinen Fund abzunehmen.«

Voll Interesse verfolgte er den Fortgang der Arbeit.

Plötzlich rief der Fremde aus: »Das habe ich erwartet!« und betrachtete einen ausgegrabenen Tonscherben von allen Seiten.

Babám, der auf dem Hang über ihm stand, beugte sich voll Neugierde zu weit vor; dabei verlor er das Gleichgewicht und kollerte vor die Füße des Professors, der in sanftem Tone zu ihm sagte: »Diese Feuerstätte ist nicht älter als höchstens achtes Jahrhundert vor Christus.«

Babám blieb mit offenem Mund vor ihm sitzen und hörte noch, wie ihn der Fremde mit der Brille fragte, ob er etwas von einem heidnischen Gräberfeld wisse. Hernach mußte er einen großen Wortschwall über sich ergehen lassen, aus dem er nur soviel verstand, daß es dem Herrn auf Tonscherben ankomme.

Am Abend begann Babám in der Schenke ein Gespräch über diesen sonderbaren Fremden. Der Bürgermeister, der länger als einen Monat in der Hauptstadt gewesen war, sagte, solche Sonderlinge gingen jetzt viele durchs Land. Den einen erwische es beim Trinken, der andere wieder bekomme es von zu großer Hitze; da werde er ganz wirr im Kopf und sammle fortan Streichholzschachteln oder Papierschnitzel. Bei jedem äußere sich das anders. Der Bürgermeister brüstete sich damit, er habe sogar einen Menschen kennengelernt, der infolge solcher Verwirrung Briefmarken sammelte.

Babám bemerkte einfältig, bei dem Professor komme es vielleicht von der Brille, daß er so seltsam rede. Ständig habe er etwas von »vor Christus« und »nach Christus« geredet, von Heiden und irgendwelchen alten Volksstämmen. Schließlich habe der Professor zu ihm gesagt: »Für jeden solchen Tonscherben, den Sie finden und mir bringen, bekommen Sie, wenn er groß ist, 5 Kreuzer, und wenn er klein ist, 2 Kreuzer.«

Als sie sich verabschiedeten, bemerkte der Bürgermeister noch, er würde den Fremden in dieser Sache nicht unterstützen, denn es tue ihm leid, daß es diesen Mann schon in so jungen Jahren erwischt habe. »Übrigens«, sagte er mit Nachdruck, damit jeder sehe, er als der Herr Bürgermeister denke an alles, »wer weiß, ob nicht noch etwas anderes dahinter steckt! Man sagt, es gehen Leute herum, die das Ungarland an die Russen verkaufen wollen.«

»Davon habe ich nichts bemerkt«, meinte Babám. Dann trennten sie sich.

Babám legte sich vor seiner Hütte ins Gras, zu seinen Füßen ruhte der Luchs und schnurrte wie eine Katze, die spinnt. Babám blickte zu den klaren Sternen auf, die über den Waldkarpaten standen, und dachte an kleine Tonscherben, dann an große, dachte an die dafür ausgesetzte Belohnung, und je mehr er darüber nachdachte, desto mehr begannen sich die Rätsel von selbst zu entwirren.

Nach einer halben Stunde war ihm die Archäologie völlig klar. Er stand auf und lief hinunter zum Laden des Juden.
»He, Jude«, rief Babám und trommelte mit den Fäusten ans Fenster, »verkauf mir einige Tontöpfe! Solche aus Witschersbach! Weißt du, die unglasierten!«
Unserem Babám standen die Krämer selbst um Mitternacht gern zu Diensten, denn man wußte sich von ihm viel zu erzählen.
Der Jude brachte also rasch drei Tontöpfe herbei, mit denen sich Babám entfernte, nicht ohne vorher zu versichern, was das Geld für die Töpfe anlange, so würde alles gut ausfallen, und er liebe keine dummen Mahnungen.
Bei seiner Hütte angekommen, stellte Babám die Töpfe auf die Erde, betrachtete sie eine Weile wohlgefällig beim Schein des Mondes und rief dann: »Achtes Jahrhundert vor Christus!«, bekreuzigte sich und zerschlug die Töpfe mit seinem Axtstock in größere und kleinere Stücke.
Hernach nahm er einen Spaten, lief zum Ufer des Flüßchens Czeremos, grub ein Loch und versenkte die Scherben in die Erde.
Am nächsten Morgen ging er nach Polyána ins Gemeindegasthaus, um Herrn Professor Falva eine Probe seines Fundes, das Ergebnis seines Forschens auf den Spuren der Vergangenheit, zu bringen.
»Freund, das übertrifft alle meine Erwartungen!« rief der Herr Professor aus. »Ich bin wirklich begeistert!«
»Die Scherben sind wohl schon recht alt«, bemerkte Babám und zündete seine Pfeife an, um seine Bewegung über die Freude des Gelehrten zu verbergen.
»Führen Sie mich hin«, drängte der Professor und zog in der Eile den Mantel verkehrt an, »lassen Sie sofort anspannen ...«
»Es ist nicht weit von hier«, winkte Babám bescheiden ab, »ich habe mich bemüht, Ihnen langes Suchen zu ersparen. Es ist dort viel zu finden!«
Unterwegs fragte der Professor, ob man sich in der Umgebung nicht etwas vom Fundort erzähle.
»Viel weiß ich nicht«, erwiderte Babám, »aber es wird erzählt, die alten Leute hätten berichtet, die es wieder von ihren

Großvätern gehört hatten, denen es noch ältere erzählten, in unvordenklichen Zeiten seien hier ganz fremde Soldaten gewesen, die dann nach Rumänien weiterzogen.«
»Das alte Dazien!« stieß der Professor freudig erregt hervor, und als er wenig später am bezeichneten Platz beim Ausgraben den ganzen Reichtum erblickte, flüsterte er mit verhaltener Stimme: »Das habe ich geahnt! Diese Scherben sind römischen Ursprungs! – Doch was ist das?« rief er plötzlich begeistert, nachdem er mit der Lupe einen der Scherben betrachtet hatte. »Da ist ja mit typisch altrömischen Buchstaben das Signum M A eingedrückt! Sehen Sie, diese Scherben«, dozierte er und drückte den verwunderten Babám an seine Brust, »stammen von den Gefäßen, die die römischen Soldaten der Legionen Marc Aurels benutzten, als sie bis hierher, in den Norden Pannoniens, vordrangen. Von hier zogen sie dann nach Dazien, wie ich schon vorhin vermutete.«

3

Der Töpfer von Witscherbach, Miklos Adam, drückt weiter in seine handgefertigten Tongefäße sein kunstloses Zeichen M A. Babáms Scherben aber sind im Stadtmuseum von Marmaros-Szigeth ausgestellt, und eine Aufschrift besagt, es handle sich um altrömische Gefäße aus der Zeit Marc Aurels.
Babám selbst ist Aufseher in diesem neuen Museum. Oft denkt er an Professor Falva, und dann kann er sich des Eindrucks nicht erwehren, dieser bedauernswerte Mensch werde seine fixe Idee nie mehr los.

4. Lektion
Die lieben Kleinen

Wie Baluška lügen lernte

In einer Sache übertraf Baluška alle seine Mitschüler: im aktiven Patriotismus. Zwar waren seine Mitschüler ebenfalls hervorragende Patrioten, die als Jugend von Podskalí flammenden Haß gegen die Jungen von Smíchov hegten, aber keiner verteidigte die Farben des rechten Moldau-Ufers so tapfer wie Baluška.

Sobald die denkwürdigen Kämpfe begannen, die sich Jahr für Jahr wiederholten, nämlich wenn die Moldau zufror und die beiden feindlichen Stämme gegeneinander ins Feld ziehen konnten, stahl Baluška den Kutschern Peitschenriemen und verfertigte sich daraus eine Schleuder. Alle beneideten ihn darum, denn seine Schleuder trug am weitesten. Er war aber auch stets der erste, der sich, die Taschen voller Steine, mit schrecklichen Verwünschungen auf die Jungen von Smíchov stürzte. Ging die Munition aus, so warf er sich noch mit seinem Riemen, der eine große Schnalle aufwies, auf die entsetzten Scharen der Smíchover.

Wenn die Riemen in Aktion traten, zeigte sich Baluškas Überlegenheit erst recht. Ganz allein nahm er einmal fünf Smíchover gefangen.

Im Triumphzug brachte man sie nach Podskalí und schleppte sie hinter die hölzernen Umfriedungen, um sie dort nach altem Kriegsrecht zu »schatzen«.

Die gefangenen Smíchover schlichen wie die begossenen Pudel, denn sie wußten, daß sie von einem so schrecklichen Feind wie der Bande, die Baluška anführte, kein Mitleid erwarten konnten.

Die Beute war – wie gewöhnlich – nicht groß: eine Schleuder, ein oder zwei Taschenmesser zu 4 Kreuzern, ein Pflaster, das man auf die Finger kleben konnte, (eine Besonderheit für 1 Kreuzer), eine halbe Kippe, ein Kreuzer, drei Schrauben, einige Nägel, ein Riemen und mehrere Heiligenbildchen, die die braven Schüler vom Herrn Katecheten erhielten, bevor sie nach der Schule aufs Eis gingen. Diese Heiligenbildchen wurden jedoch nicht etwa als Amulette angesehen, die vor dem Feind schützen sollten; man nahm sie nur mit zum Kampf, um sie an der Frontlinie gegen einen Radiergummi oder gegen Farbstifte zu tauschen.

Jetzt wurde den Smíchovern alles abgenommen. Ausgeplündert standen sie da, umringt von den sie verhöhnenden Feinden und mit der traurigen Gewißheit, noch eine Tracht Prügel zu bekommen.

Ihre Erwartung ging bald in Erfüllung. Als die Exekution vorbei war, nahm Baluška einen Tintenstift, bestrich die Stirnen der Gefangenen mit Speichel und schrieb dann einem nach dem anderen, so schön er nur konnte, den schwer abwaschbaren Satz auf die Stirn: »Die Smíchover sind Stinktiere.«

Nun mußten die Gefangenen noch die Fahne derer von Podskalí küssen – sie war aus einer Unterhose von Baluškas Schwester angefertigt (der Diebstahl wurde viel später entdeckt) –, dann erst konnten sie zu ihrem Volksstamm zurückkehren, begleitet von den Wachposten der Kämpfer von Podskalí, die noch unterwegs ihr Mütchen an den Gefangenen kühlten.

An der Brücke wurden die Gefangenen freigelassen. Sie liefen, so schnell sie konnten, am Mauteinheber vorbei, während die Kämpfer von Podskalí höhnisch riefen: »Sie haben kein Brückengeld, Herr Wachtmeister, sie haben keinen Kreuzer!«

Der Feind verfuhr mit seinen Gefangenen ebenso grausam und peinigte sie in ähnlicher Weise.

Das bekam auch Baluška zu spüren, als er einmal hinter der Kaiserwiese von Smíchovern überfallen wurde.

Sie kannten ihn nicht. Es waren nur Marodeure, die hinter der Armee herzogen und auf eigene Rechnung kämpften. In grobem Ton fragten sie ihn, woher er sei.

Baluška hätte sich durch Lügen retten können, aber er war ein

heldenhafter Mucius Scaevola und erklärte würdevoll, mit eisiger Ruhe: »Ich bin aus Podskalí, ihr Smíchover Ekel!«
Geschmäht, geplündert und um alles gebracht, was er besessen hatte, kehrte Baluška zu den Seinen zurück.
Selbst die Zwiesel hatten ihm die Feinde abgenommen. Wer nie eine Zwiesel besessen hat, kann einen solchen Verlust nicht ermessen. Eine Zwiesel ist eine Gummischleuder, ein kleines Katapult. Man schießt damit auf Spatzen – oder nach dem Helm der Polizisten. Sie eignet sich auch für die Jagd auf Katzen, und nach dem ortsüblichen Preis kann man sie in allen Schulen gegen ein großes Kommunionsbild oder gegen eine ganze Serie der Kirchenpatrone eintauschen, die doch etwa den Wert von 10 Kippen hat.
»Du hättest lügen sollen«, sagten seine Gefolgsleute zu ihm, als er es ihnen erzählte. »Du warst schön dumm! Hättest du doch einfach gerufen: ›Ich bin ein Smíchover, ihr Ochsen!‹«
»Ich kann aber nicht lügen«, bekannte Baluška. »Deshalb habe ich auch schon zu Hause viel durchgemacht. Neulich fehlte meinem Vater ein Sechser in der Schublade. Gleich beschuldigten mich alle, ich hätte ihn genommen. Ich bekam einen roten Kopf – und mußte auch schon die Hosen herunterziehen. Ich habe es zugegeben. Gestern wieder habe ich gestanden, daß ich die letzte Buchtel aufgegessen habe, die eigentlich mein Großvater bekommen sollte.«
»Du wirst schon noch lügen lernen«, tröstete ihn der lange Vítek. »Anfangs habe ich auch so blöd geschaut, und das Blut stieg mir in den Kopf. Jeder sah mir gleich an, daß ich etwas ausgefressen hatte. Heute aber kann ich lügen, ohne mit der Wimper zu zucken. Wenn ich etwas zu Hause zerbreche, schiebe ich es regelmäßig auf meine Schwester, und die bekommt dann die Prügel. Das ist so eine dumme Trine, die heult, wo sie geht und steht.«
»Wenn es aber bei mir mit dem Lügen nicht gehen will!« klagte Baluška. »Ich fange immer gleich an zu stottern, verhaspele mich oder rede dummes Zeug. Alle sagen dann, ich sei verrückt. Einmal habe ich zufällig einen Strohsack angebrannt, und dann habe ich zu meinem Vater gesagt, die Mutter hätte es getan.«

Der erfahrene Vítek dachte tief nach. Schließlich sagte er: »Mach dir nichts daraus! Wenn es dir erst einmal ganz schlecht geht, lernst du auch lügen.«

Es war Frühling.
Das Eis taute, und deshalb konnten die beiden feindlichen Volksstämme nicht mehr gegeneinander kämpfen. Um nicht tatenlos herumsitzen zu müssen, zogen die Jungen von Podskalí gegen die von Podolí, ihre Brüder.
Die Jungen von Podolí fingen einmal Baluška, und wieder gestand er, daß er aus Podskalí stammte. Auch diesmal büßte er schwer.

Baluškas Vater hatte unten am Fluß ein Gasthaus. Eines schönen Tages, als die Sonne so warm schien und die Jungen von Podskalí auf den Wyschehrad-Felsen zogen, um einige aus Podolí zu fangen, trottete Baluška traurig nach Prag; sein Vater hatte ihn mit dem Auftrag fortgeschickt, für das Gasthaus Würste zu holen.
Baluškas Herz war jedoch bei den Kampfgefährten.
Als er sich mit seinem Wurstpaket auf dem Heimweg befand, entdeckte er in einem schmalen Gäßchen zwischen den Schanzen einen Jungen, der keck vor sich hin pfiff.
Baluška holte ihn ein, und im Nu stellte er fest: Der Junge stammte aus Podolí. Also war es ein ausgemachter Feind. Als der Eindringling aus Podolí Baluškas feindseligen Ausdruck bemerkte, ergriff er das Hasenpanier und versuchte, zu entkommen. Baluška aber stieß ihn an, rief: »Was treibst du dich hier herum?« und begann auch schon, mit ihm zu ringen.
Das Paket mit den Würsten fiel auf die Erde, das Papier zerriß, und zwei schöne Würste kullerten heraus.
Baluška, der mit dem Eindringling beschäftigt war, hatte keine Zeit, sie aufzuheben, und bemerkte nur, wie von den Schanzen ein Hund gelaufen kam, nach den Würsten schnappte, freudig mit dem Schwanz wedelte und mit seiner Beute in Richtung Kloster Emaus verschwand.
Baluška ließ vom Feind ab, packte das Paket und setzte dem Hund nach. Aber es war nicht daran zu denken, daß er ihn

einholte. Als er schließlich den Hund doch wieder zu Gesicht bekam, leckte sich der bereits genießerisch die Schnauze.
Niedergeschlagen kam Baluška nach Hause und begann eifrig, die Würste neben dem Schanktisch aufzuhängen.
»Hast du auch alle gebracht?« fragte der Vater streng und zählte die Würste nach. »Zwei fehlen«, stellte er dann trocken fest und gab Baluška einen Wink: »Komm ins Zimmer!«
Willenlos folgte Baluška seinem Vater und machte sich daran, die Hose herunterzulassen.
»Nein, mein Liebling«, sagte der Vater, »zuerst gestehst du, warum du sie gegessen hast!«
»Ich habe sie nicht gegessen!«
»Wer denn?«
»Ein Hund.«
»Lüg nicht!«
»Doch, ein Hund hat sie aufgefressen, als mir das Papier zerriß«, jammerte Baluška.
»Du lernst wohl lügen?« schrie der Vater. »Mutter, komm her! Siehst du, wie sich der Junge wieder in seinem Lügengewebe fängt? Du, ich habe dir nun schon oft genug gesagt, du sollst mir nicht mit Lügen kommen, und auf einmal fängst du an, dir Geschichten auszudenken? Du wirst ja ganz rot dabei. Ich werde dir aber helfen, du wirst schon noch gestehen! Du wirst so lange auf Erbsen knien, bis dir die Lust am Lügen vergeht!«
Baluška mußte also knien! Er spürte jede Erbse, und ihm gegenüber saß mit strengem Gesicht die Mutter und las das Kirchenblatt. Ab und zu schaute sie zu ihm hinüber und fragte: »Hast du sie gegessen?«
»Nein!«
Wenn gerade kein Gast in der Schankstube war, kam der Vater ins Zimmer und sagte mit drohender Stimme: »Lüg nicht! Hast du sie gegessen?«
Baluška antwortete jedesmal unter Tränen: »Nein!«
Als der Abend herankam und zum Essen aufgedeckt wurde, kniete Baluška noch immer auf den Erbsen und antwortete weinend auf die erneute Frage: »Nein, ich habe sie nicht gegessen!«

Vom Tisch her dufteten verführerisch Rauchfleisch und Knödel. Baluška kniete noch immer auf den Erbsen. Schließlich konnte er es nicht mehr aushalten. Sehnlich wartete er darauf, daß man ihn wieder frage.
Wie auf Bestellung sagte der Vater: »Ich ermahne dich jetzt zum letzten Male. Lüge nicht! Hast du sie gegessen?«
»Ja!« schluchzte Baluška, ohne rot zu werden.
»So, dann kannst du nun auch die Hose herunterziehen«, sagte der Vater gutmütig, und Baluška eilte voll Freude zu ihm, um sich über das gütige väterliche Knie zu legen. Hernach bekam er Rauchfleisch mit Knödel.
Als Baluška nach der überstandenen Marter schlafen ging, blickte er zum Bild des Schutzengels auf, das über seinem Bett hing, und flüsterte: »Gott sei Dank, jetzt kann ich lügen!«

Die Leiden eines Erziehers

Ich habe große pädagogische Erfahrungen gesammelt, als ich beim Kommerzienrat Loskot die Stelle eines Erziehers antrat.
Er besaß nur einen Sohn, einen dreizehnjährigen Lausbuben. Der hatte schon seine alte französische Gouvernante zu Tode geärgert, ohne von seinem neunten bis zu seinem dreizehnten Lebensjahre auch nur ein Wort Französisch gelernt zu haben. Dieser Nichtsnutz hieß Eliáš.
Sein Vater hatte große Freude an ihm. Als er mir seinen Sprößling über die Ferien anvertraute, redete er des langen und des breiten über Kindererziehung und betonte, man müsse den Kindern viel Bewegung gönnen, sonst würden sie faul, schlafmützig und bequem. (Demnach müßte, wenn ein Kind vom Baum fällt, dies das beste Mittel gegen Faulheit und Schlafmützigkeit sein.)
»Eliáš ist«, sagte der glückliche Vater, »in dieser Hinsicht sehr schlau. Er läuft gern und tummelt sich viel herum. Deshalb ist er auch geistig und körperlich gut entwickelt. Jener Französin brachte er, obwohl sie schon über die Fünfzig war, den Langstreckenlauf bei, bis sie eines Tages der Schlag traf. Die

Arme hatte Angst, es könnte ihrem Pflegebefohlenen etwas zustoßen; deshalb lief sie ihm mit ihren alten Beinen überallhin nach, einmal sogar von Beroun bis Příbram, in einem Trab. Das gab ihr den Rest. Schade, daß sie es nicht durchgehalten hat! Sonst hätte sie einen Weltrekord aufgestellt. Ihre letzten Worte, ehe sie den Geist aufgab, waren: ›Eliáš, du mir sagen Perfektum von »aller« – gehen!‹ Eliáš antwortete: ›Immer der Nase nach!‹ – und die Französin fiel tot um.«

Ich traf also meine Vorbereitungen, um die Stelle eines Erziehers anzutreten: Ich ließ mir einen Waffenpaß ausstellen, kaufte einen Browning und forschte nach Büchern, die darüber Auskunft geben, wie man die Jugend erziehen soll.

Mir fiel ein kleines Büchlein über Erziehungsfragen aus dem Jahre 1852 in die Hände. Sehr angenehm berührte mich, daß dort stand, durch falsches Zartgefühl würden die Kinder verdorben. In einem liebenswürdigen, angenehmen Stil stand dort zu lesen:

›Mitgefühl am rechten Ort ist zwar eine der edelsten Regungen des Menschenherzens, aber dieses Gefühl muß auch seine Grenzen haben und darf nicht in Schwäche ausarten. Damit ist allerdings nicht gesagt, daß man ein Kind so verprügeln soll, bis es ohnmächtig wird. Bemerkt man, daß das Kind nahe daran ist, ohnmächtig zu werden, soll man sofort mit dem Schlagen aufhören und sich bemühen, es wieder zum Leben zu erwecken. Das gilt insbesondere bei schwächlichen Kindern. Gesunde und stämmige Kinder halten schon eine tüchtige Tracht Prügel aus.‹

Ich merkte mir diese goldenen Worte eines Pädagogen der alten Schule und machte mich auf die Reise. Mir kam es so vor, als unternähme ich eine Strafexpedition gegen Wilde oder so etwas Ähnliches.

Die Mutter des Eliáš, eine stattliche Dame in den besten Jahren, hieß mich willkommen und sagte mir, Eliáš wühle wieder oben in der Bibliothek in den Büchern. Das überraschte mich, denn es ließ Eliáš in einem ganz anderen Lichte erscheinen. Ich rühmte also seine Wißbegierde, doch die Frau Kommerzienrat winkte ab und sagte, sie habe es ihm schon seit einigen Tagen verboten, aber vergebens.

Ich ging in die Bibliothek. Eliáš wühlte wirklich in Büchern. Er war unter einem ganzen Haufen von Büchern und Broschüren vergraben, die er aus dem Schrank geworfen hatte, und rief gerade: »Hier rechts liegt noch eine Leiche! Tragt sie vorsichtig, daß sie euch nicht unter den Händen zerbrökkelt!«

Der Bücherhaufen fiel auseinander, und auf allen vieren kam Eliáš, mein neuer Schutzbefohlener, hervorgekrochen, zwei große Beulen auf der Stirn. Ohne große Umschweife sagte er: »Sie sind also der neue Erzieher! Wissen Sie, was ich eben gespielt habe? Den Einsturz des Berges Ararat. Ich habe aus Büchern eine Wand errichtet und sie dann so umgestoßen, daß ich verschüttet wurde. Eben habe ich Befehl gegeben, die übrigen Leichen zu bergen. Kommen Sie, helfen Sie mir, den Kram wegzuräumen, damit wir sie herausholen können!«

»Wen denn?«

»Meinen Kater. Den habe ich in die Katastrophe mitgerissen. Als die Wand einstürzte, fiel eine schwere, metallbeschlagenen Bibel auf ihn.«

Der Kater lag tatsächlich unter der Bibel und einem weiteren großen Buch und gab kein Lebenszeichen.

»Wir müssen ihn elektrisieren«, sagte Eliáš, und ehe ich ihn daran hindern konnte, schraubte er eine Glühlampe takte. Es gab einen gewaltigen Krach. Eliáš schrie laut aus und steckte das Bein des Katers zwischen die Kontakte und lag auch schon auf dem Fußboden. Ich stellte fest, daß sich der Kater wieder bewegte, Eliáš aber war von dem Schlag betäubt. Als er schließlich zu sich kam, meinte er traurig: »Der Kater und ich – wir müssen alles mögliche durchmachen. Wenn einer bei einer Sache Glück hat, erwischt es immer den andern.«

Sichtlich verdrossen ging er ins Speisezimmer, wo wir die Jause einnahmen. Er nahm den Mund voll Kaffee und spritzte sehr kunstvoll einen mächtigen Strahl auf den Papagei, der in einem Käfig am Fenster saß. Der begann, aufgeregt zu krächzen: »Laß ihn, laß ihn!«

Dieser Erfolg versetzte Eliáš wieder in bessere Laune. Er begann, von seinem letzten Erzieher zu berichten, und sparte dabei keineswegs mit Schimpfworten. Er redete von ihm mit großer Verachtung, besonders die Glatze des Erziehers war die Zielscheibe seines Spottes. So erzählte er, einmal habe eine Fliege gedacht, die Glatze sei ein Spiegel, habe sich darauf gesetzt und dort mit dem Eierlegen begonnen. Da habe er den Mund voll Wasser genommen, einen Strahl auf die Glatze gespritzt und die Fliege heruntergespült. Der Erzieher aber habe sich darüber so aufgeregt, daß er kündigte.

»Denken Sie nur«, fuhr Eliáš fort, »alle haben gedacht, ich hätte ihm absichtlich, aus purer Bosheit, auf den Kopf gespuckt, und dabei war ich völlig unschuldig! An allem war nur diese Fliege schuld. Ich konnte doch nicht erst Pfeil und Bogen holen oder sie mit dem Luftgewehr herunterschießen – da wäre erst eine Aufregung gewesen! Ich habe eben immer Pech, auch wenn ich wirklich nichts anstellen will. Neulich haben wir ›Quo vadis?‹ gespielt und die Mařenka vom Gärtner an einen Ochsen angebunden. Dann schlugen wir ihn mit der Peitsche, und er lief mit der Mařenka bis nach Hořovice auf den Marktplatz. Damals haben auch alle über mich geschimpft, denn als sie Mařenka suchten, wollte ich sie trösten und sagte, sie brauchten sich keine Sorgen zu machen, sie würden es schon aus der Zeitung erfahren. Ich wundere mich überhaupt, daß die älteren Leute den Kindern keine größere Freiheit gönnen. Wenn Ferien sind, schicken sie ihnen Erzieher auf den Hals. Sie können mir glauben, mir würde es gar nicht einfallen, etwas anzustellen, wenn ich nicht dauernd das blöde Gesicht eines Erziehers vor mir sähe. Das brauchen Sie natürlich nicht auf sich zu beziehen, aber bisher hat sich jeder dieser Herren für Gott weiß wie geistreich gehalten, und dabei haben sie es ganz dumm angefangen, wenn sie mich auf den rechten Weg führen wollten.«

Dann erzählte er mir noch von verschiedenen Kameraden auf dem Gut und im Dorf und fragte mich, ob Krokodile auch Hühneraugen hätten.

Soweit ich mich erinnere, habe ich gesagt, Hühneraugen seien bei Krokodilen durchaus keine Seltenheit, im Zoologischen Garten in New York (immer dieses Amerika!) hätte man an einem riesigen Krokodil eine Operation vornehmen müssen, denn die Hühneraugen hätten es so gequält, daß es vor Schmerz nicht mehr fressen wollte. Es seien die gewaltigsten Hühneraugen der Welt gewesen, sie hätten die Größe von

riesigen Kartoffeln erreicht, und jedes habe mehr als ein halbes Kilogramm gewogen.
Wir fingen an, uns gut zu unterhalten. Er erzählte mir, auf dem Hofe sei eine große Dogge, die jeden Fremden anfällt und ihm nur dann nichts tut, wenn er ihr ein Märchen erzählt; einem guten Märchenerzähler könne sie einen ganzen Abend lang zuhören.
Beim Abendessen betrug sich Eliáš gesittet; es war zu merken, daß er sich bei mir in ein vorteilhaftes Licht rücken wollte. Auch den Papagei ließ er in Ruhe, so daß der nur im Schlaf einige Worte sprach.
Nach dem Abendessen gingen wir zu Bett.
Ich legte mich nieder und las noch eine Weile.
Da öffnete sich plötzlich leise die Tür, und gleich darauf stand die große Dogge mitten im Zimmer. Von draußen war Eliáš Stimme zu hören: »Gib gut acht auf ihn, Labík!«
Die Dogge kam auf mein Bett zu und begann, mich anzuknurren.
Ich saß hochaufgerichtet, meine Zähne klapperten.
Die Tür schloß sich. Je mehr ich mit den Zähnen klapperte, desto mehr fletschte die Dogge die ihren.
»Sei vernünftig«, redete ich der Dogge zu. »Labík, ruhig! Ich bin doch der neue Erzieher.«
Die Dogge schien das zu interessieren, aber es imponierte ihr nicht. Sie stellte die Vorderpfoten auf die Seitenwand meines Bettes, schaute mich unverwandt an und knurrte mißbilligend.
Ich erinnerte mich, was mir Eliáš, dieser Nichtsnutz, von den Märchen erzählt hatte.
»Mein lieber Labík«, sagte ich zu der Dogge, »höre zu! Es war einmal ein König, der hatte drei Söhne. Einer davon...«
Der Hund knurrte noch lauter.
»Sei nicht böse«, stotterte ich, »wenn dir dieses Märchen nicht gefällt, erzähle ich dir ein anderes. Also: Vor vielen hundert Jahren, als die Menschen noch nicht so klug waren wie heute...«
»Krrrrrr – haff...«
»Mein Gott, also etwas anderes! Sag nur, was du hören willst,

Labík! Ein entlassener Soldat hatte nichts zu essen. Da ging er in einen tiefen Wald...«
»Krrrrrr...«
»Nun denn: Es war einmal eine böse Hexe. Die hatte im Wald eine Hütte und darin einen schwarzen Kater...«
Gott mag wissen, wie lange das so ging. Vielleicht zwei Stunden, vielleicht auch drei. Jedenfalls waren alle, die unter meinem Fenster standen, wohin sie Eliáš geholt hatte, davon überzeugt, daß ich den Verstand verloren hätte.
In die nächtliche Stille klang ein Märchen nach dem andern. Es war einmal eine Mutter, die hatte neun Töchter...
Die Dogge rührte sich nicht mehr. Sie begann nur noch zu knurren, wenn ich einmal eine Pause machte.
Ich brachte bereits die Märchen durcheinander. Unten hörte man: »Es war einmal eine Prinzessin, die hatte an jedem Haar einen goldenen Schuh...« – »Es war einmal ein Bauer, der herrschte über ein großes Land und nahm sich einen Ochsenknecht zur Frau...«
Da ging die Tür auf. Zuerst pfiff der durchtriebene Lausejunge leise die Dogge zurück, dann rief er die Leute herbei.
Die stürzten sich auf mich. Der alte Gutsverwalter riet, man solle mich, bis der Arzt kommt, nackt ausziehen, in ein nasses Laken einwickeln und in einen Winkel legen. Das wirke oft Wunder.
Nach verzweifelter Gegenwehr lag ich im Winkel. Das Werk des Nichtsnutzes war vollendet.
Der Arzt, der mich in ein nasses Laken gewickelt und wie ein Paket in der Ecke liegend fand, war sofort davon überzeugt, daß ich nicht bei Verstand sein könne.
Jetzt liege ich im Sanatorium. Die Bekannten, die zu Besuch kommen und denen ich das erzähle, zucken die Achseln und sagen: »Erzählen Sie uns doch keine Märchen!«
Jaja, ein Erzieher hat es nicht leicht!

Die Affäre mit dem Hamster

In der Morgenausgabe der Zeitung erschien das folgende Inserat. Es war nicht besonders groß, wirkte aber wie ein Schrei der Verzweiflung:

> **Ein lebender Hamster**
> sofort zu verkaufen
> oder beliebig zu vertauschen
> Prag III, Plasská 7/II
> 4. Tür links

Die meisten Leser gingen über dieses Inserat ohne Interesse hinweg, nur Honzátko, Schüler der 2. Klasse des Gymnasiums, der heute erst um 9 Uhr Schule hatte, konnte die Augen nicht davon losreißen.
Er war ganz allein in der Wohnung. Sein Vater war ins Büro gegangen, seine Mutter und seine Schwester Emma aber machten gerade die letzten Besorgungen für die Hochzeit, denn Emma sollte übermorgen heiraten.
Das Dienstmädchen hatte diese Gelegenheit benutzt und war zu ihrem Schatz gelaufen, der in einer Schlosserwerkstatt in Karlín arbeitete. Vorher hatte sie zu Honzátko gesagt, falls er auch weggehe, solle er nicht vergessen, die Tür gut abzuschließen und den Schlüssel zum Hausmeister zu geben. Dabei hatte sie ihm zärtlich das Haar gestreichelt.
Die beiden hielten nämlich wie Pech und Schwefel zusammen, denn sie waren im Haushalt die beiden Geschöpfe, die den größten Verfolgungen ausgesetzt waren. Gab es an einem Tag einmal keinen Krach mit Anna, so hatte sicherlich Honzátko etwas angestellt – und umgekehrt. Deshalb halfen sie auch einander, wo sie konnten.
»Und was soll ich sagen, wenn meine Mutter zufällig früher zurückkommt?«
»Daß meine Tante aus Modřice gekommen ist.«
»Gut«, sagte Honzátko ernst und übernahm die Herrschaft über die Wohnung. Er legte sich in den Schaukelstuhl und las

die Zeitung. Dabei stieß er auf das Inserat über den Hamster.
Honzátkos Augen leuchteten. Wie alle Schüler der 2. Klasse des Gymnasiums war er viel zu romantisch veranlagt, als daß ihn ein lebender Hamster nicht begeistert hätte. Schon längst war es sein Herzenswunsch, ein richtiges Tier zu Hause zu haben. Er träumte von großen Expeditionen nach Indien, um junge Tiger einzufangen, träumte von einem großen Berberlöwen, der nur ihm gehorchte – der würde im Bett der Schwester schlafen (das wird jetzt ohnehin frei, wenn das Weibsbild heiratet) und würde auf seinen Wink den Klassenlehrer samt Notizbuch verschlingen –, und manchmal träumte er auch davon, er hätte zu Hause im Waschtrog einen zahmen Wal, so daß die Mutter niemals große Wäsche haben könnte mit den beiden für ihn so unangenehmen Zugaben: der eingebrannten Kümmelsuppe und dem eingebrannten Graupenbrei.
Manchmal träumte er auch, er hätte einen zahmen Elefanten im Holzschuppen, und dieser Elefant erledige die verschiedenen Wege, die bisher er machen mußte: zum Beispiel für den Vater die Zeitung und den Tabak holen oder für die Schwester Noten und Briefpapier (solange sie noch auf Heiratsannoncen schrieb).
Nun sollten seine kühnsten Träume in Erfüllung gehen. Zwar war aus dem Tiger ein Hamster geworden, aber daß er den bekam, war bereits eine ausgemachte Sache. Gab es denn im Haushalt nicht genug Dinge, die man gegen einen Hamster eintauschen konnte? Hatte denn seine Schwester nicht eine recht ordentliche Aussteuer im Wäscheschrank, die erst gestern nachgezählt und mit blauen Seidenbändchen gebündelt worden war. Wenn man aus diesen Päckchen je ein Stück herausholt und dann wieder alles in Ordnung bringt, merkt das kein Mensch. Zieht denn Emma etwa alles gleichzeitig an? Und dann: Hat der Vater in seinem Schreibtisch nicht eine schöne Sammlung alter Münzen? Gibt es in der Wohnung nicht überhaupt so viele Dinge, daß man dafür selbst dreihundert Hamster eintauschen könnte?
Honzátko schritt zur Tat. Zuerst kam es darauf an, in den Wäscheschrank zu gelangen, in dem die Aussteuer lag. Das

war etwas kompliziert, aber Honzátko wußte ohne Hilfe mnemotechnischer Kunstkniffe, wo der Schlüssel vom Wäscheschrank zu finden war. Zuerst mußte man in die Küche gehen und aus dem Brotkasten einen Schlüssel holen, der zu einer kleinen, mit Karlsbader Sprudelstein ausgelegten Kassette paßte; die stand im Wohnzimmer auf dem Schrank neben der Tür. Honzátko öffnete die Kassette und fand darin den Schlüssel zum Kleiderschrank im Schlafzimmer. Und in diesem Schrank links, unter den weißen Handschuhen, lag endlich der Schlüssel zum Wäscheschrank, in dem sich die Aussteuer befand.

Honzátko zog aus einem Päckchen zwei Paar reizende Damenhöschen heraus, dann aus einem anderen Packen ein Nachtjäckchen und brachte wieder alles in Ordnung. Den Schlüssel legte er an seinen Platz, und mit ungewöhnlicher Sicherheit (gefördert durch langjährige Praxis, denn vor Weihnachten stibitzte er immer aus dem Wäscheschrank Datteln und Süßigkeiten) beendete er schließlich seine Expedition damit, daß er den Schlüssel zur kleinen Kassette in den Brotkasten zurücklegte.

Hernach drang er in Vaters Schreibtisch ein. Das war eine leichtere Arbeit, denn der Vater hatte sich kein so kompliziertes System ausgedacht. Leichtsinnigerweise ließ er den Schlüssel zum Schreibtisch auf der Schreibtischplatte liegen, und zwar unter der alten Uhr mit den Alabastersäulen.

So gelangte Honzátko bequem zur Münzensammlung seines Vaters. Er nahm einen der großen Marientaler und ließ es damit genug sein. Vorsichtig schloß er den Schreibtisch und legte den Schlüssel wieder an seinen Platz. Dann suchte er unter seinen Unterhaltungsbüchern, was er von seinem Eigentum für den Hamster beisteuern könnte, um auch selbst etwas von den mit der schönen Erwerbung verbundenen Kosten zu tragen. Er wählte ein Buch aus, das den Titel trug: »Der heldenhafte Kapitän Korkoran«. Das war das besterhaltene seiner Bücher, denn es fehlten nur 24 Seiten.

Darauf setzte er sich an den Schreibtisch und schrieb auf einen Viertelbogen:

Entschuldigung

Ich bestätige hiermit, daß mein Sohn Bohuslav Honzátko heute vormittag wegen Bauchschmerzen nicht am Unterricht teilnehmen konnte, und bitte, sein Fernbleiben von der Schule zu entschuldigen. Václav Honzátko

Durch häufige Übung hatte es der junge Honzátko im Verlaufe von zwei Jahren so weit gebracht, daß er die Unterschrift seines Vaters vorzüglich nachmachen konnte. Den Entschuldigungszettel legte er in das Lesebuch, um ihn am Nachmittag zur Hand zu haben.

Nun machte Honzátko aus der Beute vom Wäscheschrank ein Päckchen, klemmte seine Schulbücher unter den Arm und verließ das Haus, nachdem er dem Hausmeister noch den Korridorschlüssel für Anna übergeben hatte.

Die Bücher ließ er beim Kaufmann in der Nebenstraße und sagte, er würde sie abholen, wenn er aus der Schule komme. Nur das Botanikbuch nahm er mit. Das trug er in ein Antiquariat, um auf seinem Weg in die Plasská über etwas Bargeld zu verfügen.

Auf Grund des Inserats fand er leicht das richtige Haus. Er wurde von einem älteren Ehepaar empfangen, das ungemein sorgenvoll dreinsah.

Als er den beiden alten Leutchen erklärte, er komme wegen des Hamsters, für den er verschiedene nützliche Gegenstände – zwei Paar Damenhöschen, ein Nachtjäckchen, einen Marientaler sowie das Buch »Der heldenhafte Kapitän Korkoran« – eintauschen wolle, hellten sich ihre Gesichter auf. Sie führten ihn weiter und begannen, ihm eine absonderliche Geschichte zu erzählen, von der Honzátko nur soviel verstand, daß vor vierzehn Tagen bei ihnen ein neuer Untermieter eingezogen sei, der einen Hamster mit in die Wohnung brachte. Der Sonderling habe sich damit gebrüstet, er hätte ein Präparat erfunden, das imstande sei, bei Nagetieren den Winterschlaf einzuschränken. »Ich bin entschlossen«, habe dieser Herr erklärt, »das an diesem Hamster auszuprobieren. Gelingt es mir jetzt, da das Tier in seinen Winterschlaf verfallen soll, es munter zu erhalten, so wird das weitreichende Folgen haben, denn dann ist das Prinzip entdeckt, wie

man Hamster unschädlich machen kann. Wenn sie nämlich keinen Winterschlaf mehr halten, leben sie nicht mehr so lange, erleben also auch nicht die neue Erste und können somit keinen Schaden am Getreide anrichten.«
»Der Herr«, erzählte der alte Mann weiter, »wollte darüber ein Buch schreiben. Den Hamster hielt er in einer großen Kiste und stellte mit ihm allerlei Versuche an. Das Präparat gab er ihm ins Trinkwasser, und der Hamster war wirklich sehr munter. Der Herr bewahrte das Präparat in einer Kognakflasche auf. Einmal trank ich versehentlich aus dieser Flasche und konnte dann fünf Nächte lang nicht schlafen. Eines Tages kamen die Verwandten unseres Untermieters, um ihn zu holen. Sie sagten, diese fixe Idee verfolge ihn schon seit Jahren; jetzt hätte ein Arzt gemeint, vielleicht könnten Schneebäder helfen. Sie brachten ihn deshalb in die Berge, den Hamster aber ließen sie uns hier.«
»Es ist ein reizendes Tierchen, ungemein zutraulich«, sprach der Alte nach kurzer Pause weiter, und es klang, als lese er die Worte aus einem Buche vor. Offensichtlich war ihm dieser Satz bereits geläufig, so oft hatte er ihn gesprochen, als er den Hamster überall anpries. »Wir geben Ihnen auch für den Hamster einen alten Kartoffelsack mit.«
Das »ungemein zutrauliche und reizende Tierchen« fauchte, als man ihm den Sack überstülpte, so fürchterlich, daß der romantisch veranlagte Honzátko vermeinte, im Lande der Raubtiere zu sein. Als er sodann mit dem Sack, in dem der stets muntere Hamster hin und her sprang, durch die Straßen ging, kam er sich wie der bekannte Tigerbändiger Rauahu Babura aus Bombay vor.
Es war noch zu früh, als daß er schon hätte aus der Schule nach Hause kommen können, deshalb machte er sich daran, für den Hamster noch einige Vorräte zu besorgen. Beim Vogelhändler kaufte er für alles Geld, das er für das Botanikbuch erhalten hatte, Körner. Übermäßig viel war es nicht, was er für die siebzig Heller erhielt, nur ein kleines Säckchen voll.
Jetzt erst wurde sich Honzátko bewußt, was für eine große Verantwortung er übernommen hatte. Vielleicht könnte er dem Hamster beibringen, etwas anderes zu fressen, tröstete er

sich, denn das hier würde wohl nur für eine Mahlzeit reichen.
Als er sich seinem Vaterhause näherte, beunruhigte ihn noch etwas anderes: Wenn man ihn nun samt dem Hamster hinauswirft? Wie soll er erklären, auf welche Weise er zu dem Hamster kam? Welche Lüge soll er sich ausdenken?
Aber alles ging glatt. Er häufte Lüge auf Lüge: Der Hamster, den er mit nach Hause brachte, gehöre dem Gymnasium, erklärte er, und sei für das Naturwissenschaftliche Kabinett bestimmt. Er, Honzátko, sei von seinem Naturgeschichtslehrer, Herrn Bernášek, beauftragt worden, den Hamster den Winter über zu Hause zu betreuen. Wenn der Hamster dann ein neues Fell habe und sich sein Pelz färbe, solle er ausgestopft werden.
Damit war alles in Ordnung. Nur eines glaubte man dem Jungen nicht, nämlich, daß er dazu aufgefordert worden sei; man war vielmehr davon überzeugt, Bohuslav habe sich freiwillig zur Pflege des Hamsters gemeldet. Die ganze Familie meinte aber, der Junge mache sich dadurch bei seinem Lehrer lieb Kind, was ihm bei seinem bekannten Fleiß nicht schaden konnte.
Für den Hamster wurde eine Kiste vom Boden geholt und in den Korridor gestellt. Ohne Übertreibung kann man behaupten, daß sich der Hamster als Eigentum der Schule einige Stunden lang einer gewissen Hochachtung erfreute.
Dann zeigte sich aber, daß der Hamster einen sonderbaren Geruch verbreitete. Weil Emma ihren Bräutigam erwartete, goß sie ein halbes Fläschchen Veilchenwasser über den Hamster aus, worauf sich dieser verärgert in einen Winkel der Kiste zurückzog. Dort begann er widerlich zu schmatzen und sich die Backentaschen mit den Körnern vollzustopfen, die ihm der junge Honzátko in die Kiste geschüttet hatte.
Nach dem Mittagessen ging Bohuslav in die Schule, der Vater ins Büro, und die Mutter erledigte mit dem glücklichen Brautpaar die letzten Einkäufe. Das Dienstmädchen faßte die Gelegenheit beim Schopf und lief wieder zu ihrem Schatz nach Karlín.
Als außer dem Vater die Familie wieder beisammen war, entdeckte man, daß der Hamster die Kiste verlassen und im

anschließenden Zimmer einen Platz für seinen weiteren Aufenthalt gefunden hatte.

Dieser Platz war das Sofa. Über dem Sofa hing nämlich ein Landschaftsbild. Endlose Getreidefelder wogten darauf, und der Hamster hatte also seiner Gewohnheit gemäß eine Höhle unter diesem Gottessegen bezogen. Außer dem offiziellen Zugang zu seiner Höhle hatte er sich noch zwei Notausgänge geschaffen, den einen nach der Seite, den zweiten senkrecht nach oben, unmittelbar zur Sitzfläche des Sofas führend. Man stellte auch fest, daß der Hamster aus der Kiste alle Körner in seinen neuen Bau gebracht hatte. Sobald sich jemand dem Sofa näherte, war aus dessen Innern ein drohendes Fauchen zu vernehmen. Es war klar: Der Hamster war nicht gesonnen, seinen neuen Wohnsitz kampflos zu räumen.

»Da hat uns das Gymnasium aber ein schönes Miststück ins Haus geschickt!« äußerte sich Frau Honzátková als erste.

Emma meinte, man könnte den Hamster dadurch vertreiben, daß man seine Höhle unter Wasser setzt. Das wurde von allen abgelehnt, weil dadurch das Plüschsofa verdorben würde. Als ob an diesem von allen Seiten zerfressenen Möbelstück, aus dessen Innern unaufhörlich das Fauchen des Hamsters zu hören war, noch etwas zu verderben gewesen wäre!

Bohuslav, auf den Vorwürfe niederhagelten, als hätte er selbst den Bau im Sofa angelegt, holte sein Naturgeschichtsbuch, um nachzusehen, ob dort nicht vermerkt sei, wie man Hamster aus einem Sofa vertreibt. Doch dieser Fall war nicht einmal Brehm bekannt. Dagegen las Bohuslav mit lauter Stimme aus seiner Naturgeschichte vor, der Hamster wehre sich, wenn er angegriffen wird, mit aller Kraft.

Die Mutter und Emma zogen sich daraufhin in die Küche zurück, wo sie mit Anna weitere Maßnahmen berieten. Anna gab den Rat, den Hamster auszuräuchern. Man müsse die Notausgänge mit Papier zustopfen, das man vorher mit Petroleum übergossen hat, und es dann anzünden. Doch diese wahnsinnige Idee wurde verworfen, man beschloß vielmehr, die Ankunft des Familienoberhauptes abzuwarten.

Herr Honzátko aber erwies sich als ebenso kopflos. Eine Weile schaute er zu, wie der Hamster immer wieder frech aus

dem Sofa hervorlugte und dabei ungeniert schmatzte, dann gab er seinem Sohn ein Kopfstück, beschimpfte alle unflätig, zog seinen Mantel an und ging in die nächste Weinstube.
Nach dem vierten Schoppen begann er mit einem unbekannten Herrn ein Gespräch: »Denken Sie nur, mein Junge hat ins Sofa...«
»Das kenne ich«, sagte der Angesprochene, »Wanzen sind ein schreckliches Ungeziefer. Der eine bringt sie aus der Schule mit...«
»Das meine ich nicht«, unterbrach ihn Herr Honzátko, »mein Sohn hat mir einen lebenden Hamster ins Sofa gesetzt!«
»Halten Sie mich nicht zum Narren!« sagte der Herr, der offensichtlich sehr nervös war und seine Nervosität in einer stillen Weinstube heilen wollte. »Nein, was sich heutzutage die Menschen ausdenken!« brummte er und rückte weiter weg. »Sehe ich denn so dumm aus?«
»Keineswegs, mein Herr«, sagte der Inhaber der Weinstube, der glaubte, die Frage habe ihm gegolten.
Doch der nervöse Herr zahlte und verließ das Lokal.
»Ein sonderbarer Patron!« brummte Herr Honzátko. »Da will ich ihm ganz freimütig erklären, wie sich das mit dem Hamster verhält, und ihn um einen Rat bitten, und er fühlt sich beleidigt!« Herr Honzátko versank in tiefes Sinnen, und als er den sechsten Schoppen intus hatte, war ihm klar, daß sich Hamster von Fall zu Fall in den Sofas anständiger Familien einnisten.
Gegen halb zehn Uhr abends erklärte er einer Gesellschaft die ganze Angelegenheit in derart verworrener Weise, daß es so herauskam, als sei ihm der Hamster auf Grund einer Anordnung des Landschulrates ins Sofa gesetzt worden.
Der weitere Verlauf des Abends ist in Dunkel gehüllt. Herr Honzátko erinnerte sich am nächsten Morgen nur undeutlich, in der Nacht habe ihn ein Herr, der mit dieser Gesellschaft in die Weinstube gekommen war, durch die Straßen des Stadtteils Weinberge geführt und ihm erzählt, er sei Inhaber einer Zoologischen Handlung. Tatsächlich waren sie schließlich vor einem Laden stehengeblieben, den jener

Herr aufschloß. An mehr konnte sich Herr Honzátko nicht erinnern, so sehr er auch seinen Kopf zermarterte.
Doch als er schließlich die Augen aufschlug, entdeckte er auf seinem Nachttischchen eine größere Kiste, aus der sich ein Pfeifen vernehmen ließ. Allmählich dämmerte ihm, daß er diese Kiste von seinem nächtlichen Besuch in jenem Laden mitgebracht hatte.
Als er die Kiste öffnete, erblickte er zwei weiße Tierchen mit roten Äuglein.
»Um Himmels willen, was sind denn das für Scheusale?« seufzte Herr Honzátko und begann wieder angestrengt nachzudenken. Schließlich fiel ihm ein, daß in der Debatte, die sich in der Weinstube über den Hamster angesponnen hatte, jener Herr behauptete, einen Hamster vertreibe man am sichersten mit Hilfe von Frettchen. Also mußten es Frettchen sein. Diese Tiere verwendet man ja gegen alle Feldschädlinge; man läßt sie in die Höhle, und sie treiben das Tier ins Freie. Wenn man sie also in das Sofa setzt, wird die Affäre mit dem Hamster bald glücklich beendet sein.
Diese Ansicht gab Herr Honzátko würdevoll der versammelten Familie bekannt. Und nach dem Frühstück setzte man die Frettchen vorsichtig in das Sofa. Gespannt erwartete man das Ergebnis.
Aus dem Innern des Sofas war zunächst Schmatzen und Pfeifen zu hören, dann ein Knurren, aber das klang schon recht freundschaftlich. Nach einer Weile streckten die Frettchen ihre Köpfchen heraus, verschwanden aber schnell. Dann lugte der Hamster hervor. Er betrachtete höhnisch die Familie Honzátko, schmatzte verächtlich und zog sich wieder zurück.
Der junge Honzátko ging zu dem Loch im Sofa und blickte vorsichtig hinein. »Die Frettchen«, meldete er dann das Ergebnis seiner Beobachtung, »lecken dem Hamster den Kopf.«
Das war eine traurige Wahrheit. Die Frettchen hatten mit dem Hamster Freundschaft geschlossen, und offensichtlich fühlten sie sich in ihrer neuen Höhle recht wohl.
Bohuslav schleppte wieder den Brehm an und las zum allgemeinen Kummer vor, daß sich die Frettchen in der

Gefangenschaft stark vermehren. Es fand sich aber auch noch eine andere sehr interessante Bemerkung. Der selige Brehm mußte offensichtlich mit Frettchen traurige Erfahrungen gemacht haben, denn er vermerkte, die Frettchen ertrügen nicht den Geruch von Meerschweinchen.
Hastig griff Herr Honzátko nach seinem Rock.
»Wohin willst du?« fragte ihn zaghaft seine Frau.
»Meerschweinchen holen«, antwortete der Herr des Hauses mit Nachdruck, und schon schloß sich hinter ihm die Tür mit einem traurigen, hoffnungslosen Quietschen.
Die Meerschweinchen, von denen er nach einer Stunde drei nach Hause brachte, waren herrlich stinkende Exemplare, ganz nach dem Wunsche des Herrn Honzátko, der in der Tierhandlung darum gebeten hatte, man möge ihm die Tiere, die den größten Gestank verbreiten, aussuchen.
Inzwischen hatte sich auch der Bräutigam eingefunden. Er erwies sich als Memme. Vor Meerschweinchen habe er Angst, erklärte er, und trotz aller Bitten ließ er sich nicht dazu bewegen, sie durch das Loch im Überzug in das Sofa hineinzustopfen. Er hatte das Empfinden, man wolle ihn opfern. Schließlich ließ er sich aber doch bereden und fing mit den Worten: »Sie werden mich beißen!« ein Meerschweinchen aus dem Korb. Und er hatte sich nicht geirrt. Das erschreckte Meerschweinchen biß ihn in die Hand.
Nun jagten alle das jüngste Familienmitglied zum Korb. Bohuslav zeigte sich als Held. Zwar brüllte er fürchterlich, aber schließlich gelang es ihm doch, alle drei Meerschweinchen, die sich verzweifelt zur Wehr setzten, in das Sofa zu stopfen.
Der Bräutigam schaute teilnahmsvoll auf Herrn Honzátko und dachte bei sich, es könne mit seinem künftigen Schwiegervater wohl nicht alles in Ordnung sein, wenn er einem so sonderbaren Sport fröne.
Ich weiß nicht, ob Meerschweinchen Sinn für Mitleid haben. Wenn ja, dann tat es ihnen sicherlich leid, wie wenig edel sie sich ihren Wohltätern gegenüber verhielten. Doch in ihrer neuen Höhle war es ja so gemütlich! Eine schöne, bunte, anständige Gesellschaft, und dann, wohin man nur schaute, überall das herrlichste Seegras!

Es ist bekannt, daß Meerschweinchen alles fressen. Ich hatte einmal ein Meerschweinchen, das fraß, während ich zwei Tage abwesend war, ein Fotoalbum auf und verwandelte alle die lieben Gesichter meiner Verwandten in schwarze Kügelchen.
Es zeigte sich auch, daß Brehm geirrt hatte, zumindest im Falle des Sofas der Familie Honzátko. Die Frettchen vertrugen sehr gut den Gestank der Meerschweinchen und verließen ihr Versteck nicht. Der Hamster wärmte sie aufopferungsvoll, die Meerschweinchen schmiegten sich an die Frettchen – im Sofa herrschte paradiesische Eintracht.
Deshalb wurde großer Familienrat gehalten.
Emmas Bräutigam mischte sich auch ein, und von einer zoologischen Sturmflut getrieben, hielt er sich nicht auf dem Boden der Neutralität und sagte etwas von einem Igel. Ganz logisch stellte er fest, der Igel habe Stacheln, und mit diesen Stacheln könne er stechen. Stecke man also einen Igel in das Sofa, dann würde er mit seinen Stacheln alle ungebetenen Gäste vertreiben, denn sicherlich würden sie, da sie schon einmal alle so schön beisammen seien, den Igel wärmen wollen. Er bot sich sogar an, einen Igel zu beschaffen.
»Kaufen Sie lieber gleich zwei, Herr Kratochvíl!« sagte Frau Honzátková besorgt.
Herr Kratochvíl entfernte sich also, wobei er noch in der Tür etwas davon murmelte, ein solcher Igel vertilge auch die Küchenschaben.
Die beiden Igel, mit denen er nach einer Weile zurückkehrte und die Einrichtung des glücklichen Haushalts vervollkommnete, waren melancholische Burschen. Als Herr Kratochvíl sie auf den Fußboden setzte, dehnten sie sich, streckten die Rüsselchen aus ihrem Stachelkleid heraus, blickten traurig um sich, stießen einige unartikulierte Laute aus und rollten sich schließlich zu einer Stachelkugel zusammen.
Herr Kratochvíl streifte sich Handschuhe über und stopfte die beiden Kugeln in das Sofa.
Von dorther war wütendes Schmatzen und Pfeifen zu vernehmen, dann erschien der Kopf des erregten Hamsters an der Öffnung, als wollte er fragen, was das für eine Ordnung sei, doch bald verschwand er wieder im Innern des Sofas. Die

beiden Igel waren inzwischen auf den Boden des Sofas gekrochen und kümmerten sich weder um die Frettchen noch um den Hamster oder um die Meerschweinchen.
Im Sofa kehrte wieder Ruhe ein. Der zoologische Garten der Familie Honzátko versank in einen gesunden Schlaf.
Als kein Tier das Sofa verließ, faßte der Familienrat den Beschluß, die Hochzeit um einige Tage zu verschieben.
Herr Kratochvíl hatte einen fürchterlichen Traum: Er müsse die Igel mit Hilfe von Hyänen aus der Wohnung verjagen, die Hyänen mit Hilfe eines Jaguars, und der ganze Traum endete mit dem fürchterlichen Bild abgenagter Knochen in der Küche der Familie Honzátko, der Knochen von Schwiegervater und Schwiegermutter.
Herr Honzátko setzte sich am nächsten Morgen an den Schreibtisch, und bald erhielt die Direktion des Gymnasiums, in dem sein Sohn keineswegs durch besondere Leistungen hervorragte, einen Brief, aus dem der Herr Direktor nicht schlau wurde:

An das löbliche Gymnasium
Jírovcova ulice
Der Unterzeichnete bittet das löbliche Gymnasium mit Rücksicht auf die veränderten Familienverhältnisse höflichst, unverzüglich Schritte einzuleiten, um den Hamster, der bei dem Unterzeichneten in Verwahrung ist, abholen und ausstopfen zu lassen.
Mit vorzüglicher Hochachtung Václav Honzátko
Kassierer
Prag-Žižkov, Orebitská 5

Der Herr Direktor ließ den jungen Honzátko rufen und fragte ihn voll Interesse, ob sein Vater öfter solche Briefe schreibe. Honzátko sagte, das wisse er nicht. Darauf fragte ihn der Herr Direktor, ob sein Vater nicht einmal in einer Anstalt oder einem Sanatorium gewesen sei. Da Honzátko nicht immer nein sagen wollte, nickte er diesmal zur Abwechslung.
Wir müssen ihn beruhigen, dachte der Direktor, und so erhielt Herr Honzátko folgenden Brief:

In Beantwortung Ihres Schreibens müssen wir Ihnen zu unserem großen Bedauern mitteilen, daß die Direktion des Gymnasiums auf das Ausstopfen des Hamsters nicht reflektiert.

Der Direktor

Nach Erhalt dieses Briefes suchte Herr Honzátko erregt den Abdecker auf, erfuhr aber dort, es sei ihm nicht möglich, von Amts wegen Tiere in Privatwohnungen zu töten, man müsse sie auf seine Station bringen.

Der junge Honzátko hatte inzwischen seinen Atlas verkauft und für den Erlös Körner beschafft. Die schüttete er in das Sofa, damit die Tiere nicht Hunger zu leiden hätten.

So ging es vierzehn Tage.

Doch im Erdgeschoß des Hauses wohnte der Hausmeister, ein unerschrockener Mann, der zu allem entschlossen war. Er kam, mit einer Hacke versehen.

Schweigend zeigte man ihm das Sofa, dann schloß man hinter ihm die Zimmertür.

Man vernahm Schläge, die gegen das Sofa geführt wurden, Pfeifen, Schmatzen und Knurren. Nach einer halben Stunde war alles vorbei.

Am nächsten Tag wurde die Hochzeit gefeiert. Das Hochzeitsessen in der Wohnung der Familie Honzátko hatte folgende Speisenfolge: Frettchensuppe. Frettchen, mit Meerrettich gekocht. Gebratener Hamster mit Kartoffeln. Meerschweinchen in Kümmelsoße. Igelpastete.

Der junge Honzátko aber, dem all diese Leckerbissen zu verdanken waren, saß bescheiden am Tisch und betrachtete, unbeachtet in dieser großen Zeit, mit Tränen in den Augen den gebrateten Kopf seines unglücklichen Hamsters.

5. Lektion
Aus dem Junggesellenleben

Wie ich mir einen Knopf an die Hose nähte

Das Peinlichste, was einem zustoßen kann, ist, wenn man bemerkt, daß seine Kleidung empfindliche Mängel aufweist. In einem gewissen Fall kann sich ein Mann nicht in Gesellschaft sehen lassen, denn die Gesellschaft macht keinen Unterschied zwischen einem alten Junggesellen und einem verheirateten Mann, sondern verlangt von beiden ein gewisses Maß von Anstand. Hat einer die Knöpfe an der Hose nicht in Ordnung, so erregt er bei vielen voreingenommenen Menschen ein nicht unbeträchtliches Ärgernis. Die Gesellschaft beurteilt eine solche Angelegenheit nicht gerecht und betrachtet den wahren Sachverhalt weder von der psychologischen noch von der praktischen Seite. Sie vergißt, daß ein alter Junggeselle auch ein sehr schamhafter Mensch sein kann, der es nicht übers Herz bringt, eine Hose, an der ein Knopf fehlt, der Frau seines verheirateten Freundes zu bringen und sie zu bitten, liebenswürdigerweise das Kleidungsstück in einen Zustand zu versetzen, der von absoluter Ordnungsliebe zeugt. Würde beispielsweise ich mich an die ledige Tochter meiner Wirtin wenden, wer weiß, ob sich dann nicht in ihrer zarten Mädchenseele eine gewisse Verachtung für mich breitmachen würde, die allerdings durchaus angebracht wäre.
So bleibt einem alten Junggesellen, der seinen guten Ruf nicht aufs Spiel setzen will, nichts anderes übrig, als sich den fehlenden Knopf selbst an die Hose zu nähen.
Vielleicht wird jemand einwenden, man könne sich mit dieser heiklen Frage ja an den Herrenschneider wenden, der die Hose gemacht hat. Aber keiner, der solche oder ähnliche Erwägungen anstellt, urteilt richtig, denn käme ich zu meinem Schneider und sagte zu ihm: »Hier haben Sie die Hose,

mir fehlt da ein Knopf, nähen Sie ihn bitte an!«, würde ich mich sicherlich der Lächerlichkeit preisgeben, denn einen Knopf anzunähen, das erscheint sowohl dem Schneider als auch der breiten Öffentlichkeit als eine ganz leichte Sache. Sicherlich würde jeder staunend den Kopf schütteln, der erfährt, daß mir der Schneider einen Hosenknopf annähen mußte. Das würde bedeuten, daß solch ein alter Junggeselle in aller Augen als ein Mensch dastünde, der nichts taugt, der verwöhnt und verhätschelt ist, ein aufgeblasener Dummkopf oder etwas Ähnliches.

Aus diesen Gründen machte ich mich selbst daran, mir den Knopf an die Hose zu nähen.

Zunächst jedoch ersetzte ich den abgerissenen Knopf durch eine Sicherheitsnadel. Im Gedränge in der Straßenbahn bohrte sich mir aber die Sicherheitsnadel ins Fleisch. Da nahm ich mir vor, nunmehr den Knopf anzunähen und nicht etwa nur anzustecken.

Ich bekenne ganz zynisch, daß der Verlust jenes Knopfes anfänglich bei mir keineswegs dramatische Konflikte auslöste. Erst als ich mich in der Nacht an die verschiedenen Blicke erinnerte, die mich während des ganzen Abends im Kaffeehaus verfolgten und deren ich mich auch nicht erwehrte, als ich den Rock zuknöpfte, reifte in mir der Entschluß, an dieser Stelle einen neuen Knopf zu befestigen.

Diesem Entschluß sollte nun die Tat folgen. Ich schnitt mir einfach einen Knopf von der Weste ab. Fehlt ein Knopf an der Weste, ist das bei weitem nicht so schlimm wie der Verlust eines Knopfes an der Hose. Bei der Weste sieht es nur so aus, als wäre sie nachlässig zugeknöpft, was ja bei alten Junggesellen durchaus nichts Ungewöhnliches ist, wie ich aus eigener Erfahrung weiß; aber beleidigend wirkt das auf die Umgebung im ganzen genommen nicht. Anders verhält es sich freilich, wenn es jenen Teil der Kleidung betrifft, von dem ich sprach.

Aus diesen Gründen bereitete ich mich darauf vor, mir den Knopf anzunähen. Ich erinnere mich, daß ich den ganzen Tag erregt war und daß sich diese Erregung von Stunde zu Stunde steigerte, je mehr ich darüber nachdachte. Jemanden fragen, wie man einen Knopf annäht, wollte ich nicht, um nicht als

Dummkopf angesehen zu werden, der ich freilich in diesem Falle war, wie ich loyalerweise bekennen muß.
Zunächst ging ich in den Lesesaal des Nationalmuseums und ließ mir das Konversationslexikon, Band A, geben. Fieberhaft suchte ich das Stichwort »Annähen«.
Auf Grund meiner Erfahrungen protestiere ich gegen die Ansicht, unser Konversationslexikon sei vollständig. Im Band »A« steht vom Annähen eines Knopfes keine Silbe!! Ja das Stichwort, »Annähen von Knöpfen« fehlt überhaupt!
Im Band »K« fand ich zwar das Stichwort »Knopf«, aber dort stand: »Der Knopf ist ein Teil der Kleidung, mit dem man zwei Teile verbindet. Die Befestigung der Knöpfe erfolgt durch Annähen. Im alten Ägypten kannte man bereits Knöpfe, bei den Griechen und den Römern dagegen waren Knöpfe noch unbekannt. In Böhmen tauchten die ersten Knöpfe mit dem Vordringen des Christentums auf.«
Ich suchte also unter dem Stichwort »Christentum« irgendeine Bemerkung über Knöpfe, doch vergeblich.
Vielleicht ließe sich herausfinden, wie die alten Ägypter ihre Knöpfe annähten! Also Stichwort »Ägypten«! »In Ägypten«, las ich dort, »gaben die Priesterinnen des Gottes Rho den toten Fürsten goldene Knöpfe in die Hand und beerdigten sie so.« Aber wie man Knöpfe annähte, davon stand kein Wort da.
Ich mußte also auf meine eigene Kombinationsfähigkeit vertrauen. Durch tiefes Nachdenken gelangte ich zu der Ansicht, daß es am besten wäre, systematisch an die Sache heranzugehen.
Deshalb unterzog ich zunächst die Knöpfe einer eingehenden Betrachtung. Dabei bemerkte ich, daß jeder Knopf vier Löcher hat. Zuerst war es mir schleierhaft, wozu die Löcher dienen sollten, aber weiterforschend, welchen Einfluß diese Löcher wohl auf die ganze Angelegenheit haben könnten, kam ich zu dem Schluß, daß allem Anschein nach durch diese Löcher der Zwirn gezogen wird, und zwar mit Hilfe eines Handwerkzeuges, der Nähnadel. Die Nähnadel jedoch ist, wie ich im Konversationslexikon gelesen hatte, nichts anderes als eine bestimmte Form des Hebels. Zum Unterschied vom Schwein hat sie nur ein Öhrlein. Ich habe deren zwei. Durch

die Öffnung in der Nadel zieht man, wie ich ermittelte, den Zwirn, und mit einer Bewegung, als wolle man etwas aufspießen, steckt man allem Anschein nach den Knopf auf den Zwirn; irgendwie wird man es dann schon zuwege bringen, daß die Hose durchstochen wird.

Meine Phantasie arbeitete immer lebhafter. Weil ich gehört hatte, daß Stahl sehr spröde ist, kaufte ich gleich ein Gros Nähnadeln. Außerdem ein Dutzend Spulen verschiedenen Zwirn, vor allem schwarzen. Aber auch weißen Zwirn besorgte ich mir, damit ich, falls sich der schwarze nicht bewähren sollte, zu diesem übergehen könnte. Auch braunen Zwirn hatte ich zur Hand, doch den wollte ich nur im äußersten Notfall verwenden, wenn sowohl der schwarze als auch der weiße Zwirn versagen sollten.

In dem Geschäft, in dem ich diesen Großeinkauf tätigte, fragte man, ob ich auch einen Fingerhut wünsche. Ich merkte, daß das etwas sehr Wichtiges sein müsse, und kaufte gleich zehn Stück. Aus dem Namen für dieses Ding schloß ich nämlich, daß man die Fingerhüte an die Finger steckt. Weshalb und warum, war mir ein Rätsel. Um aber keinen Fehler zu machen, mußte ich zehn Stück auf einmal kaufen, für jeden Finger einen.

Als ich mit den gekauften Gegenständen den Heimweg antrat, kam ich mir wie ein Zauberer vor.

Zu Hause ließ ich erst ordentlich einheizen und mir drei Flaschen guten Wein bringen. Nachdem ich mich mit einem kräftigen Abendbrot und einem guten Schluck Wein gestärkt hatte, holte ich die unglückselige Hose hervor und machte mich mit Feuereifer an die Arbeit. Ich weiß es noch, als wäre es erst heute gewesen: Es war ein grausamer, ein erbitterter Kampf!

Am nächsten Morgen fand man mich, nur mit Hemd und Unterhose bekleidet, auf dem Fußboden liegend, eingesponnen in vierzehntausend Meter verschiedenfarbigen Zwirn. Ich schlief auf mehr als hundert Nadeln, und die Hose war an das Kanapee angenäht. An allen zehn Fingern trug ich Fingerhüte, und meine Wade war durch mehrere Stiche mit dem Teppich verbunden.

Was sollte ich tun?

Ich kaufte mir eine neue Hose.

Ich koche Eier weich

Ich habe eine gute alte Tante. Ab und zu bekommt sie Anwandlungen von Verwandtenliebe. Fünfzehn Jahre lang läßt sie von sich nichts hören, und dann bringt mir der Briefträger plötzlich ein Paket ins Haus, das meine Tante in einer solchen Anwandlung von Liebe zu ihrem Neffen abgeschickt hat.
Das letzte Mal schickte sie mir vor mehr als vierzehn Jahren einen gewaltigen Kuchen, und jetzt stellte mir die Post einen großen Korb zu. Darin fand sich ein Schock Eier – und folgender ergreifender Brief:

Lieber Neffe!
Wie freue ich mich, daß ich Dir ein Schock Eier aus meiner eigenen Aufzucht schicken kann! Lieber Junge, ich habe Dich sehr gern, und so denke ich mir, da ich wohl nicht mehr lange auf dieser Welt sein werde, ist das vielleicht die letzte Gunst, die ich Dir erweisen kann. Koch sie Dir selbst weich und denke an Deine alte Tante Anna! Ach, möchten doch diese sechzig Eier in Dir die Erinnerung an den kleinen Hof im Norden des Landes wachrufen, auf dem die Leghennen fröhlich gackern und Deiner gedenken, gemeinsam mit

Deiner Dich herzlich liebenden

Tante Anna

Aus Pietät für meine Tante entschloß ich mich, alle sechzig Eier weich zu kochen.
In der Nacht träumte ich sogar davon.
In meinem ganzen Leben hatte ich mich nie mit der Frage beschäftigt, wie man eigentlich Eier weich kocht, nach längerer Überlegung aber gelangte ich zu der Ansicht, man müsse sie kochen, wenn man sie weich kochen will. Dies erschien mir als der einzig mögliche Standpunkt und als einziger Ausweg aus einer so bedenklichen Situation, wie es das Weichkochen von sechzig Eiern ist.
Ich esse sehr gern weichgekochte Eier. Weil ich aber trotzdem nicht sechzig weichgekochte Eier auf einen Sitz essen kann, trug ich mich mit dem Gedanken, sie zu konservieren. Lange

dachte ich darüber nach, wie ich das bewerkstelligen könnte.
Plötzlich befand ich mich in einer sehr verzwickten Lage. Ich weiß, daß man sich in Zeitungen und anderen Druckerzeugnissen häufig über junge Ehefrauen lustig macht, die nicht einmal Eier weich kochen können, aber daß ein alter Junggeselle Eier kochen muß, darüber wurde bisher nichts geschrieben, und deshalb will ich wahrheitsgemäß alles aufzeichnen, so, wie es sich zugetragen hat.
Zuerst kaufte ich mir verschiedene Bücher über Geflügelzucht, denn ich nahm an, ich würde dort in erster Linie Belehrung darüber finden, wie man Eier kocht.
Leider fand ich in allen Fachschriften über Geflügelzucht keine einzige Stelle, an der diese Frage nach Gebühr behandelt worden wäre. Zwar stand in diesen Schriften sehr viel über Eier zu lesen, zum Beispiel, daß aus Eiern Kücken auskriechen, und ähnlicher Unsinn. Es fand sich dort auch der Hinweis, daß Eier trocken zu lagern sind, ferner eine Anleitung, wie man Eier ausbrüten lassen kann. Weil mir aber die Tante die Eier mit der Weisung geschickt hatte, sie weich zu kochen, und nicht, sie auszubrüten, klappte ich unwillig das Buch zu.
Ich wollte auch nicht bei meinen Bekannten anfragen, wie man Eier kocht, und deshalb faßte ich den Entschluß, in einen Lesesaal zu gehen und wieder zum Konversationslexikon zu greifen.
Unter dem Buchstaben »E«, Stichwort »Eier«, fand ich die Bemerkung, sie seien ein Produkt aus dem Tierreich, und alle Vögel legten Eier. Darüber begann ich tief nachzudenken. Diese Ansicht war mir zwar keineswegs neu, aber nichtsdestoweniger fand ich sie jetzt schwarz auf weiß, wodurch ihre Glaubwürdigkeit gesteigert wurde. Es ist also nicht nur eine Volksüberlieferung, sondern die Wissenschaft bestätigt diese Meinung ausdrücklich und stützt sie mit einem ganzen Artikel.
Ich forschte weiter, wie man Eier kocht. Man möchte nicht glauben, daß eine solche komplizierte Frage von den Kreisen der Wissenschaft einfach übergangen wird. Nirgends steht etwas Näheres darüber.

Im Konversationslexikon stieß ich lediglich auf die Angabe, Eier dienten als Speise und könnten in verschiedener Weise zubereitet werden, aber wie man diese Speisen zubereitet, das blieb mir auch nach dreistündiger Vertiefung in das Konversationslexikon ein Rätsel.

Ich fand zwar einige Sätze, die diese Frage wenigstens von fern berühren, zum Beispiel: »In England dienen die Eier meist in rohem oder gekochtem Zustand als Nahrung, und zwar hart oder weich gekocht. In keinem ordentlichen englischen Haushalt darf auf dem Frühstückstisch ein weichgekochtes Ei fehlen. Weichgekochte Eier werden überhaupt bei jeder Gelegenheit gereicht.« Aber wie man es macht, daß die Eier in diesem Zustand auf den Tisch kommen, erfuhr ich nicht.

Mir blieb nichts anderes übrig, als den Versuch zu machen, selbst die ganze Theorie des Eierkochens zu entwickeln und sodann von ganz allein zu einem ordentlichen Ergebnis zu gelangen, und sei es auch unter Verlust einiger Eier, die ich wegwerfen müßte.

Ich kaufte mir also einen Spirituskocher, fünf Liter Spiritus sowie einen Papinschen Topf, dessen Verwendung mir aus meiner Gymnasialzeit vom Physikunterricht her bekannt war.

Dann ging ich ans Werk. Ich goß in den Papinschen Topf Wasser, legte zehn Eier hinein und zündete den Spirituskocher an.

Nach einer Viertelstunde nahm ich die Eier aus dem Papinschen Topf heraus. Ich klopfte beim ersten die Schale auf – das Ei war noch hart. Ich wiederholte das beim zweiten – ebenfalls hart. Alle Eier waren noch hart. Ich pellte also bei allen Eiern die Schale ab und warf die Eier neuerlich in den Papinschen Topf. Nun kochte ich sie eine Stunde. Sie waren noch immer fürchterlich hart. So kochte ich sie denn bis zum Morgen. Doch weich wurden sie nicht.

Am Morgen fand man mich im Eierkorb liegen. Ich war aus lauter Verzweiflung darüber, daß es mir nicht gelungen war, auch nur ein einziges Ei weich zu kochen, hineingesunken. Die Eier aber waren hart wie zuvor.

6. Lektion
Abenteuer um die Liebe

Kirmes in Křivice

Es war etwa Mitternacht, als ich heimlich das Schloß der Grafen von Dobřeno verließ, um die Kirmes in Křivice zu erleben.
Schließlich ist der Mensch ein gesellschaftliches Wesen, ein zoon politikon; ein politisches auch.
Außerdem hatte ich schon volle vier Jahre keine größere Rauferei mitgemacht. Die letzte, die Erwähnung verdient, war in Mydlovary gewesen, im Gasthaus meines Großvaters. Dieser würdige Greis hatte sich an der allgemeinen Rauferei beteiligt, jedoch nicht etwa an der Seite seines wohlgeratenen Enkels, sondern gegen ihn.
In der Folgezeit besuchte ich manche Kirmes, aber ich muß feststellen, daß das tschechische Volk absolut schlapp geworden ist. Wo sind die Zeiten hin, in denen einer ein Bierglas ergriff und es gegen die Hängelampe im Saal schleuderte! Natürlich wurde es dann finster, und nun schlugen Schuldige und Unschuldige aufeinander ein, und schon war die schönste Keilerei im Gange.
Heute ist es bei der Kirmes still. Vielleicht ist der Graf Thun mit seinen Versöhnungsreden daran schuld. Die Hoffnung, eine schöne Rauferei zu sehen, erfüllte sich also nie.
In Křivice gibt es zwei Gasthäuser. Das obere und das untere. Im unteren Gasthaus war nichts los. Außer dem Pfarrer und dem Bürgermeister saßen nur fünf Mädchen mit ihren Müttern herum.
Als die Musik ein neues Stück begann, forderte ich den Herrn Pfarrer zu einem Tänzchen auf. Nebenbei gesagt, ich verstehe überhaupt nichts vom Tanzen. Ich war jedoch sehr verwundert, daß sich der Pfarrer durch meine Aufforderung beleidigt

fühlte. Er winkte, und der Gemeindepolizist erhob sich von der Bank, wo er dadurch für Ordnung gesorgt hatte, daß er aus einem mächtigen Zwei-Liter-Krug trank.
Der Hüter der Ordnung leerte erst rasch seinen Krug, dann führte er mich hinaus auf den Dorfplatz. »Gnädiger Herr!« sagte er. »Wenn Sie sich unterhalten wollen, gehen Sie doch ins obere Gasthaus, und seien Sie so liebenswürdig – ich habe großen Durst!«
So wie überall, wohin ich kam, hatte auch hier der Gemeindepolizist großen Durst, vom frühen Morgen bis zum späten Abend und von einem Tag zum andern.
Zuerst begreift einer, dem die Verhältnisse unbekannt sind, nicht, warum er so liebenswürdig sein soll, wenn jemand Durst hat. Aber die Gemeindepolizisten haben ja auch noch Hände. Und die strecken sie aus – wie die Eisenbahner auf der Strecke Saloniki-Konstantinopel.
Und dann ihre schönen Augen! Ich habe schon viele schöne Augen gesehen, aber solche Augen, wie sie der Gemeindepolizist in Křivice hatte, noch nicht. Sie blickten mich so unsagbar traurig an und dabei mit derartiger Erwartung – wie ein Mädchen, wenn es ahnt, daß es den ersten Kuß bekommt.
Hier taten es 40 Heller. Das Mädchen bekam den ersten Kuß und war zufrieden. Der Gemeindepolizist salutierte und verschwand wieder im Gasthaus.
Ich stand vor dem geschmacklosen Schlößchen des Barons Mainold, der sich vom verarmten Adeligen zum Pferdehändler heraufgearbeitet hatte. Übrigens handelte er auch mit Hunden.
Während ich noch so vor dem Schlößchen stand und beim Schein des Mondes darüber nachdachte, wovon die Adeligen heutzutage leben, drangen vom oberen Gasthaus die Töne einer absonderlichen Musik an mein Ohr. Es war zu erkennen, daß die Mitglieder der Kapelle Verstand und Kunst völlig aufgegeben hatten.
Das erschien mir nicht weiter verwunderlich; in Křivice dauert nämlich die Kirmes drei Tage, und es war schon der dritte Tag.
Die Musikanten, die völlig betrunken waren, wie es in dieser

Gegend üblich ist, hatten ihre Instrumente getauscht. Als ich ins Gasthaus eintrat, versuchte gerade der Baßgeiger, auf der Trompete den »Herrn Johannes« zu blasen, und der Primgeiger schlug die Tschinellen, daß es nur so krachte. Der Musikant, der ihm das Schlagzeug abgetreten hatte, konzentrierte seine ganze Energie auf die Geige und untermalte die Melodie des »Herrn Johannes« mit dem fürchterlich falsch gespielten Lied »Überleg dir's gut, Mařenka!« Der Kapellmeister aber lag unter einer Bank und schnarchte. Die kreuz und quer herumliegenden Notenständer bildeten über ihm gleichsam ein Schutzdach. Die Noten bedeckten sein schmutziges, verschmiertes und zerkratztes Gesicht. Einen Schuh hatte er ausgezogen, den andern halb. Es war zu sehen, daß er angestrengte Versuche unternommen hatte, sich wenigstens einigermaßen Bequemlichkeit zu verschaffen, doch war ihm dies nicht geglückt. Im ganzen machte die Kapelle den Eindruck einer geschlagenen Armee. So verzweifelt haben wohl die Militärkapellen Napoleons in den Schneewüsten Rußlands auf ihrem Rückzug von der Beresina gespielt.

Über dem ganzen Raum lag bleierne Müdigkeit. Diejenigen, die alle drei Tage durchgehalten hatten, sahen aus wie nach einer anstrengenden Bergbesteigung.

Durch den Saal wälzten sich Wolken von Rauch und Staub, überall roch es nach Bier und Schnaps, alle die kleinen Freuden im Leben des tschechischen Landvolkes waren in jedem Winkel zu spüren, vom Schanktisch bis zur Tür.

An den Wänden des Saales standen Tische, und daran hockten die Unentwegten, die schon seit Sonnabend feierten.

Und in einer Ecke saß Mařka. Ich werde sie so nennen, weil sie mir selbst ohne Umschweife diesen Namen genannt hat. Ihren Familiennamen kenne ich nicht.

Auch hier begann mein Abenteuer mit einem Tanz. Diesmal war Damenwahl. Den Anstoß dazu hatte der unglückselige Kapellmeister gegeben, der allem Anschein nach auch die Würde eines Tanzmeisters innehatte. Er wollte sich wohl gerade auf die andere Seite wälzen; dabei riß er einige weitere Notenständer um. Einer fiel ihm auf die Nase, wodurch er für einen Augenblick aus seinem Schlaf erwachte. Er blieb zwar liegen, aber trotzdem gelang es ihm zu brüllen: »Damenwahl, eins zwei!« Und schon schnarchte er wieder.

Ich saß in einem Winkel, denn es heißt ja: »Mädchen, bleib im Winkel hinten, bist du brav, wird man dich finden«, und ein anderes Sprichwort besagt, daß das Veilchen im Verborgenen blüht.

Ich wurde gefunden – von Mařka. Es ist schwer, ihre Erscheinung jemandem zu schildern, der sie nicht gesehen hat: ein rundes Gesicht, sonnenverbrannt, Hüften und Brüste, die wenigstens einen Kubikmeter Luft verdrängten – und erst die Beine! Hier hatte die Natur in ihrer unendlichen Güte weder mit Fleisch noch mit Knochen gespart. Und diese Arme! Noch heute sehe ich Mařkas Arme vor mir. Beim Internationalen Athletentreffen in einem Prager Varieté trat einmal der Champion Südamerikas auf, der Neger Zipps; der hatte ähnliche Arme wie Mařka, nur nicht so muskulös.

Nun stellen Sie sich vor: Dieses Mädchen trat an meinen Tisch, klopfte mir auf die Schulter und sagte schlicht: »Ich heiße Mařka, kommen Sie tanzen!«

Zaghaft bemerkte ich, ich könnte gar nicht tanzen. Eine Weile schaute sie mich verdutzt an, dann begann sie zu lachen, doch schließlich ging sie wieder in einen ernsten Ton über und sagte, dann trinke sie eben mit mir ein Glas Schnaps.

Sie hatte große, blaue Augen, und wie sie zu trinken verstand! Ein solches Blau hatte ich vorher nur ein einziges Mal gesehen, nämlich als mir einmal in einer Drogerie eine Schachtel mit Kobaltsulfat, das im Volksmund Waschblau heißt, auf den Kopf fiel und dort zerplatzte.

»Geben Sie mir noch ein Glas!« sagte sie fröhlich und setzte sich neben mich.

Ihr Kleid war aus rotem Kattun, sie trug weiße Strümpfe und um den Nacken ein grünes Tuch. Das ganze Duftgemisch der Kirmes hatte ihr Kleid durchdrungen: Tabak, Bier, Schnaps.

Bald kam sie ins Reden: Schon den dritten Tag sitze sie nun im Gasthaus. Eine Freundin habe ihr versprochen, sie zu begleiten, aber vor einer Stunde sei sie mit einem Herrn fortgegangen und nicht mehr wiedergekommen. Nun ja, ihre Freundin wohne ja in der Nähe, sie aber habe einen weiten Heimweg, sie wohne in Lhota, bis dahin sei dreiviertel Stunden zu laufen, und der Weg führe immer am Fluß und an Felsen entlang. Wenn man zu den Felsen komme, sei es unheimlich, denn dort spuke es.

Es muß dort schrecklich spuken, denn sie drückte mich an die Wand. Ich rutschte ein Stückchen weiter weg.

Mařka ging in einen klagenden Ton über. In diesem Augenblick sah sie aus wie der »Verliebte Teufel« des spanischen Malers Zarro.

Das um zwei Köpfe größere, robuste, lebenssprühende Mädchen, das drei Tage Trinken und Tanzen im verrauchten Tanzsaal nicht müde gemacht hatten, wurde plötzlich zärtlich und begann von ihrem »Väterchen« zu sprechen. Dieses Wort klang bei ihr ungemein zart. Ihr Väterchen habe ihr nur für zwei Stunden erlaubt, nach Křivice zu gehen und bei der Kirmes zuzuschauen, und nun sitze sie schon den dritten Tag hier, und dabei gefalle es ihr gar nicht. Was werde wohl ihr Väterchen sagen, wenn sie nach Hause komme! Es dauere nicht mehr lange, da breche der Morgen an, und dann könne sie unmöglich heimgehen. Was würden die Leute von ihr denken, wenn sie erst am Morgen zurückkäme! Nein, sie müsse sich jetzt auf den Weg machen, solange es noch dunkel sei. Aber sie fürchte sich doch so! Bei den Felsen spuke es ja so furchtbar! Zunächst gehe es durch den Wald, sie kenne den Weg gut, und dann komme man zu einer leeren Hütte, die die Jäger bei plötzlichem Unwetter aufsuchen. In dieser Hütte liege weiches Moos; wenn einer müde sei, könne er sich dort eine Weile ausruhen.

Aus ihren großen blauen Augen rannen Tränen. Sie sah aus wie ein gezähmter Tiger. Dann sagte sie schmeichelnd: »Ich will aber nicht, daß mich einer von den Burschen hier begleitet! Die gefallen mir nicht. In dieser Beziehung bin ich eigen. Ich gehe nur mit einem, der mir gefällt.«

Sie wurde immer lebhafter und sagte: »Sie haben einen sonderbaren Kopf, so rund! Jeje, Sie haben ja Hände, so weich wie der Herr Pfarrer! Und Sie tragen keinen Schnurrbart. Sie rasieren sich und haben so kurzes Haar!«

Sie rutschte näher zu mir. Mein Gott, waren das Kalorien!

Und dabei flüsterte sie mir ins Ohr: »Kommen Sie, begleiten Sie mich! Wir gehen über den Hügel, und gleich sind wir bei der Hütte.«
»Gut«, sagte ich, »ich gehe voraus, damit es nicht auffällt, und erwarte Sie vor dem Schlößchen.«
Schon war ich draußen und lief auf der Straße in entgegengesetzter Richtung davon. Schließlich verbarg ich mich im Unterholz.
Bald darauf hörte ich vom Schlößchen her kräftiges Pfeifen und hernach Mařkas Stimme: »Euer Wohlgeboren, junger Herr! Ich bin da!« Dann war alles still, doch eine Weile später klang es wieder durch das nächtliche Tal: »Herr, junger Herr!«
Ich habe mich nicht über sie gewundert. Wo es doch, wenn man zu den Felsen kommt, so schrecklich spukt! Und je länger ich in meinem Versteck darüber nachdachte, desto mehr tat sie mir leid.
Als ich wieder zum Schlößchen kam, rief ich ins Tal: »Mařka, Mařka!«
Aber niemand gab mir Antwort. Enttäuscht kehrte ich nach Křivice zurück.
Eigentlich hätte ich Mařka doch gern vor den Gespenstern beschützt.

Das Abenteuer des Gyula Kákonyi

Der junge Gyula Kákonyi ging einmal gegen Abend spazieren. Zuerst machte er einen Rundgang um das ganze Dorf Cséléshaza, dann wandte er sich zum Fluß Neutra, der von weitem zu sehen war, weil er dort zwischen sehr niedrigen Ufern dahinfließt. Eine Weile blickte Gyula auf die starke Strömung und auf das breite Flußbett, das zu beiden Seiten von rötlich schimmernden lehmigen Ufern gesäumt ist, dann ging er ruhig weiter flußabwärts. An sein Ohr drang das Fluchen der Hirten, die ihr schmutziges Vieh, schreiend und peitschenknallend, zur Furt trieben.
Lange ging er so am Fluß entlang. Dabei überlegte er, ob er

seinen Weg gleich fortsetzen solle oder erst dann, wenn die Hirten mit ihrer Herde zum Dorf gezogen sein würden.
Es begann schon recht dunkel zu werden. Der Nebel, der sich über dem Wasser ausbreitete, ließ die Umgebung nur undeutlich erkennen, und der Weg am glitschigen Ufer entlang erschien beim Tosen des Flusses nicht gerade verlockend.
Trotzdem ging Gyula Kákonyi weiter. Er folgte dem Flußlauf bis zu den Hütten der Zigeuner.
Die Zigeuner von Cséléshaza lebten nicht gerade romantisch, ja sie waren sogar ganz gute Staatsbürger. Sie stahlen nicht, sie raubten nicht, sondern ernährten sich ehrlich durch Hausfleiß und Geigenspiel. An Sonn- und Feiertagen spielten sie in der Schenke von Cséléshaza, und die Bauern zahlten ihnen gern für ihre Darbietungen.
Die waren zwar nicht besonders kunstvoll, aber in der Zigeunerkapelle spielte die schöne Zigeunerin Joka mit, die selbst bei der elendesten Melodie durch ihre Erscheinung so zu fesseln verstand, daß sich die Bauern mit dem Ausdruck der Bewunderung auf die Schenkel schlugen und ein ums andere Mal riefen: »Éljen, éljen!«
Wenn die Zigeunermusikanten hernach in ihren Hütten das eingenommene Geld zählten, flüsterten sie: »Ei, Joka ist nicht mit Gold aufzuwiegen!«
Hierher also, zu diesen Hütten, begab sich Gyula Kákonyi.
»Es brennt Licht!« murmelte er und stolperte über ein Büschel Gras, das die Kühe abgerupft hatten. Ich würde, hm ja, ich würde gar zu gern mit Joka sprechen, aber wie soll ich das einfädeln? Ach, ich gehe einfach in ihre Hütte und frage nach ihr. Aber erst klopfe ich an«, sprach er weiter und putzte seine schwarze Hose ab, denn er war in der einbrechenden Dunkelheit hingefallen. »Ich lobe das Spiel der Zigeunerkapelle, besonders das von Joka. Aber was dann? Zigeuner sind Zigeuner – heißes Blut! Na, wir werden ja sehen.«
In solches Selbstgespräch vertieft, war er zu der erleuchteten Hütte gekommen. Er klopfte an. Es rührte sich nichts. Da klopfte er zum zweitenmal. Wieder nichts. Schon wollte er gehen, als aus der Hütte Geigenspiel erklang. Der Rákóczy-Marsch.
Gyula öffnete die Tür und trat ein.

Es verschlug ihm den Atem, denn im Schein der kleinen verrußten Petroleumlampe erblickte er Joka, die in der Mitte des Raumes stand, die Geige in der Hand. Außer ihr war niemand in der Hütte.

Joka, schön und hochgewachsen, blitzende Münzen um den Hals, fragte, was der Herr wünsche.

»Ich bin gekommen«, sagte Gyula Kákonyi verlegen, »um mich für die große Freude zu bedanken, die mir Ihr Spiel am letzten Sonntag im Gemeindegasthaus bereitet hat. Ich war einfach hingerissen. Sie können mir glauben, Fräulein, daß ich in Budapest nichts dergleichen gehört habe. Ihre ganze Erscheinung hat mich tief ergriffen ...«

»Sie haben eine schöne Krawattennadel«, sagte Joka statt einer Antwort und zog die Nadel aus Kákonyis Halstuch.

»Die habe ich Ihnen als Geschenk mitgebracht, aus Dankbarkeit für Ihre hohe künstlerische Leistung«, stotterte Gyula. Er war sichtlich verwirrt, weil ihn diese unverhoffte Wendung überraschte, aber auch deshalb, weil Joka ihn so freundlich anlachte, daß er ihr gleich nicht nur eine, sondern zwanzig solche Nadeln geschenkt hätte.

»Sie hätten mir lieber diesen Ring anbieten sollen. Die Nadel gebe ich meinem Bruder«, lachte Joka wieder, »ich trage keine Krawatten!« Und sie berührte die Hand Kákonyis.

»Diesen Ring habe ich ohnehin als besondere Anerkennung für Sie mitgebracht«, log Gyula. »Natürlich, die Nadel wollte ich ja auch Ihrem Bruder schenken.« Und schon zog er den Ring vom Finger. »Fräulein«, fuhr er fort und machte der schönen Zigeunerin verliebte Augen, »Sie haben es mir angetan. Könnten nicht auch Sie mir etwas Zuneigung entgegenbringen ...?«

»Lieber Herr«, antwortete die schöne Zigeunerin, meine Familie kann jeden Augenblick zurückkommen, und auch mein Bräutigam Roko. Ich weiß nicht, was er Ihnen sagen würde, wenn er Sie hier anträfe. Aber kommen Sie doch morgen um diese Zeit in die alte Schiffsmühle auf der Neutra! Dort werde ich Sie erwarten.«

Ehe sich Kákonyi versah, befand er sich schon vor der Tür

der Hütte, und auf seinem Heimweg durch die Nacht begleitete ihn der Ton der Geige – der feurig gespielte Rákóczy-Marsch.
Er stolperte über die Wiesen und hernach auf dem staubigen Weg zum Dorf und in den Gutshof seines Onkels.
»Sie hat zwar einen Bräutigam, aber sie ist verteufelt hübsch«, dachte er, »da muß ich schon etwas wagen.«
Im Gutshof hatte man schon Angst um Gyula gehabt. Und so begrüßte ihn der Onkel voll Freude, daß er noch am Leben war.
Aber beim Abendessen bemerkte der Onkel, daß seinem Neffen die Krawattennadel fehlte, auch der Ring am Finger.
»Ich habe gebadet«, erwiderte Gyula, »und da sind sie mir ins Wasser gefallen.«
»Du hast doch nicht mit der Krawatte gebadet?« fragte der Onkel ungläubig.
»Nein, beim Ausziehen ist mir das Mißgeschick widerfahren. Ich hörte ein Glucksen, und die Krawatte, das heißt der Ring, nein, ich meine die Nadel war weg. Den Ring habe ich später im Wasser verloren, als ich wieder ans Ufer kroch. Das Wasser war heute sehr kalt, ich glaube aber, es wird sich wieder erwärmen«, versuchte er das Gespräch in andere Bahnen zu lenken, da er merkte, daß ihn der Onkel mit forschenden Blicken betrachtete. »Vielleicht wird es auch regnen.«
»Nach dem Baden hast du einen Spaziergang gemacht, nicht wahr?« fragte der Onkel nach kurzem Schweigen.
»Ja, ich war noch ein bißchen spazieren, du weißt doch, wie gesund das ist. Ich bin ein Stück am Fluß entlang gegangen, und dabei habe ich gar nicht bemerkt, daß ich mich vom Dorf entfernte.«
»Naja, das kommt vor!« erwiderte der Onkel. »Ich habe nur deshalb gefragt, weil dich unser Kutscher in der Nähe der Zigeunersiedlung gesehen hat. Er kam gerade aus der Stadt und hat dich gegrüßt, aber du hast ihn wohl gar nicht bemerkt. Natürlich, es war ja auch schon dunkel. Angeblich hast du nur dauernd etwas vor dich hingemurmelt und bist über die Wiese gestolpert. Weißt du, was er gesagt hat?« Der Onkel brach in schallendes Gelächter aus.
Jetzt kommt es, dachte Gyula und kaute an einer Melone.

»Er hat gesagt, es sei ihm so vorgekommen, als hätte der junge Herr ein Gläschen zuviel getrunken und fände den Heimweg nicht. Hahaha!«

Gyula atmete erleichtert auf.

»Doch um wieder ernst zu reden«, fuhr der Onkel fort, »heute nachmittag, als du nicht zu Hause warst, ist ein Brief von deinem Vater gekommen. Morgen abend will er uns besuchen. Er schreibt, er möchte sich doch gern davon überzeugen, ob du schon zur Vernunft gekommen bist und dich wieder in Budapest sehen lassen kannst. Er meint, du hättest die Chansonette sicherlich inzwischen vergessen, so daß er dich vielleicht jetzt gut verheiraten kann, ohne befürchten zu müssen, daß du ihr noch immer nachrennst.«

»Ach, Onkel, etwas Derartiges würde mir nie einfallen«, sagte Gyula mit gespielter Aufrichtigkeit. »Sie kennen mich doch schon gut. Schließlich bin ich schon vier Wochen da, und Sie haben gesehen, daß ich mich allen Frauen gegenüber zurückhaltend betragen habe. Die Sache mit der Chansonette war ja nur ein belangloser Flirt.« Und damit ging er, sichtlich beleidigt, in sein Zimmer.

Fünf Wochen vor diesem Tag hatte sich folgende ärgerliche Szene im Kontor der Firma Janos Kákonyi & Co. in Budapest abgespielt:

Der junge Gyula Kákonyi saß auf einem Büroschemel, und vor ihm stand sein Vater mit hochrotem Gesicht.

»Die Olga heiratest du so bald wie möglich, und zwar noch vor der Hauptversammlung unserer Aktiengesellschaft zur Erzeugung von Zement. Denk daran, daß der Vater von Fräulein Olga 780 Aktien in der Hand hat, die Olga als Mitgift bekommt. Rechnen wir die 220 Aktien hinzu, die dir bereits gehören, so bist du Besitzer von 1000 Aktien. Die kaufe ich dir zum Nominalwert von je 200 Kronen ab. Es muß jedoch vor der Hauptversammlung sein, damit der Alte nicht erst noch die Dividende abschöpft. – Aber das ist eigentlich nicht das, was ich dir sagen wollte. Du bist doch jetzt Bräutigam, nicht wahr? Und weißt du auch, daß du als Bräutigam auf dich halten und nicht das Geschlecht der Kákonyis ins Gerede bringen darfst? Da hast du eine so gute Erziehung genossen, und jetzt fährst du kurz vor deiner

Hochzeit eine Chansonette aus der Redoute in offener Kutsche spazieren, tanzt öffentlich mit ihr und bist blind und taub für deine Umgebung. Denkst du denn nicht daran, daß auch der Vater deiner Braut Augen im Kopf hat? Du bist ein Esel! Hast du denn ganz vergessen, daß es um 780 Aktien geht? Kurz und gut, du mußt für vier Wochen von Budapest fort, damit du diese Chansonette vergißt, sonst machst du noch größere Dummheiten. Du fährst eben so lange zum Onkel nach Cséléshaza. Der Zug geht um ½ 8 Uhr morgens vom Hauptbahnhof ab. Klar?«

»Klar!«

Der alte Kákonyi ging zum Telefon, ließ sich mit Nummer 238 verbinden und sprach in den Apparat: »Lieber Freund! Gyula fährt morgen aufs Land. Ich glaube, es wird alles gut!«

So ähnlich waren wohl auch Gyulas Gedanken über die jüngste Vergangenheit, als er am nächsten Tag am Ufer der Neutra entlangging. Die Chansonette war zwar hübsch, aber mit Joka ließ sie sich nicht vergleichen. Keineswegs! Dieser Unterschied! Die Chansonette hat schwarze Augen und blondes Haar, Joka aber hat schwarze Augen und schwarzes Haar – ein richtiger orientalischer Typ!

Vor dem Mittagessen wollte Gyula noch die alte Schiffsmühle besichtigen. Es war eine jener Mühlen, wie sie in großer Zahl auf dem Unterlauf der Flüsse, unweit ihrer Mündung in die Donau, zu finden sind. Zwei überdeckte Boote sind primitiv miteinander verbunden. Zwischen ihnen befindet sich ein Wasserrad, das von der Strömung des Flusses in Bewegung gesetzt wird. Diese Schiffsmühlen sind gewöhnlich mit einem Tau am Ufer befestigt. Nach Bedarf können sie auf dem Fluß weiterfahren, und die Bewohner der am Fluß liegenden Dörfer bringen dann ihr Getreide zum Mahlen. Der Zugang zu den Schiffsmühlen erfolgt über einen hölzernen Laufsteg vom Ufer aus.

Eine solche Schiffsmühle war also als Ort für das Stelldichein bestimmt worden. Gemahlen wurde hier schon lange nicht mehr, denn das Wasserrad war zerbrochen.

Der Abend kam heran. Gyula sagte, er wolle seinem Vater in die Stadt entgegengehen, tatsächlich aber suchte er die alte Schiffsmühle auf.

Unter dem Dach war es dunkel. Kákonyi setzte sich auf einen Balken, zündete sich eine Zigarette an und wartete.
An sein Ohr drang das Blöken der in der Nähe weidenden Herden und das Fluchen der Hirten.
Der Fluß schäumte, wenn seine Wellen sich an den Wänden der Schiffsmühle brachen.
Nach einer Weile wurde das Brüllen des Viehs leiser, bis es sich in der Ferne ganz verlor.
Die Schiffsmühle begann leicht zu schwanken.
»Jetzt kommt sie wohl«, freute sich Gyula, »sicherlich wollte sie sich hier nicht sehen lassen, so lange die Hirten in der Nähe waren. Wie spät mag es wohl sein?« Er riß ein Streichholz an und schaute auf die Uhr. »Halb neun, da kommt der Vater an«, sprach er halblaut vor sich hin, »nun, ich sage einfach, wir hätten einander verfehlt.«
Die Mühle begann stärker zu schaukeln, und das Rauschen des Flusses wurde immer lauter.
»Lange möchte ich hier nicht sitzen«, brummte Gyula, der schon eine Stunde wartete. »Nun könnte sie aber wirklich kommen! Anscheinend wurde sie zu Hause aufgehalten. Hauptsache, sie kommt überhaupt! Schade, daß sie nicht in Budapest lebt!«
Plötzlich begann sich die Mühle zu drehen.
Beinahe wäre Gyula von seinem Balken gefallen. »Verdammt, was ist denn das?« schimpfte er vor sich hin und zündete eine kleine Stallaterne an. »Ich will lieber ans Ufer gehen«, beschloß er und stieg die Stufen hinauf, um den Laufsteg zu erreichen.
Das Licht der Laterne flackerte im heftigen Luftzug, und Gyula Kákonyi bemerkte zu seinem nicht geringen Entsetzen, daß ringsum Wasser war, nichts als Wasser. Am fernen Ufer sah er Bäume und Sträucher vorbeiziehen.
Gyula Kákonyi trieb auf dem Fluß Neutra, mitten in der Strömung. Er begann aus Leibeskräften zu schreien, aber das Brausen des Wassers übertönte seine verzweifelten Hilferufe.
Am nächsten Tag stand in den Zeitungen folgende Meldung:

Herrn Gyula Kákonyi traf während seines Aufenthaltes in Cséléshaza ein Mißgeschick, das ziemliches Aufsehen erregen dürfte, denn Herr Gyula Kákonyi ist in den Kreisen der Budapester Gesellschaft gut bekannt. Gestern abend unternahm er eine Besichtigung einer alten Schiffsmühle auf der Neutra. Aus unbekannten Gründen riß das Tau, das die Mühle am Ufer festhielt. Erst als die Schiffsmühle schon ziemlich weit von Cséléshaza entfernt war, bemerkte Herr Gyula Kákonyi, daß sie in der Strömung trieb. All sein Rufen war vergeblich. Heute morgen um 6 Uhr gelang es endlich, die Schiffsmühle in der Nähe der Einmündung der Neutra in die Donau anzuhalten und Herrn Kákonyi aus seiner unangenehmen Lage zu befreien. In seinem Gefängnis hatte er eine Strecke von 45 km zurückgelegt.

Ob der Bräutigam der schönen Joka, der Zigeuner Roko, diese Meldung gelesen hat, vermag ich nicht zu sagen. Ich bin auch nicht in der Lage zu berichten, warum Joka zwei Wochen nicht spielen konnte und das Gesicht verbunden hatte.
Ebensowenig kann ich behaupten, daß jemand gesehen hätte, wie der Zigeuner Roko das Tau an der alten Schiffsmühle durchschnitt, oder daß einer bemerkt hätte, wie Roko tags zuvor an der Hütte lauschte, als Gyula Kákonyi mit der Zigeunerin darin allein war.

Das Versprechen

»Herr Štecl hat sich also noch immer nicht erklärt?«
»Bisher noch nicht, Vater.«
Der Stationsvorsteher Šťastný seufzte und trat ans Fenster. Nervös trommelte er mit den Fingern das Signal an die Scheibe: »He, Soldaten, Zapfenstreich!« Schließlich hörte er auf zu trommeln und setzte sich aufs Sofa.
Im Zimmer war es still. Frau Šťastná saß am Tisch und häkelte, Fräulein Boženka hatte ein Buch vor sich, und Herr Šťastný machte ein finsteres Gesicht.

»Hast du nicht den Eindruck, daß er ein Sonderling ist, Boženka?« unterbrach der Stationsvorsteher das Schweigen.
»Nein, er redet ganz vernünftig.«
Da ließ sich Frau Šťastná vernehmen: »Nun laden wir ihn schon seit drei Jahren an den Feiertagen zum Mittagessen ein!«
»Und er leistet unserer Einladung regelmäßig Folge«, bemerkte Herr Šťastný, »und benimmt sich ganz ungezwungen.«
»Er gähnt sogar manchmal«, warf die Frau Vorsteher ein, »und er frißt wie ein Scheunendrescher! Ich denke immer, uns bleibt dies oder jenes für das Abendessen übrig, aber kein Gedanke! Er nimmt von allem zweimal. Und die Reden, die er dabei führt!«
»Das letzte Mal hat er über die Affen gesprochen«, sagte der Vorsteher. »Ein Affe, hat er gesagt, kratzt den andern und sucht ihm die Flöhe, was sehr lustig aussieht. Ein anderes Mal wieder hat er erklärt, wer Bierhefe ißt, bekommt keinen Ausschlag!«
»Und einmal hat er zu mir gesagt«, meinte die Frau Vorsteher, »gnädige Frau, hat er gesagt, ich habe einmal einen Krug gesehen, der hat einen Trauermarsch gespielt. Da war so ein Mechanismus drin, man brauchte ihn bloß aufzuziehen, schon ging es los.«
»Und was hat er gestern zu dir gesagt, Boženka, als wir euch allein gelassen hatten?«
Das Fräulein seufzte: »Da hat er gesagt: Sehen Sie, Fräulein, das Leben ist doch eine sehr schöne Sache! Keiner hat das Recht, es sich zu nehmen, und doch enden so viele Leute durch Selbstmord. Wie einer meiner Bekannten. – Vielleicht aus unglücklicher Liebe? fragte ich ihn. Doch Herr Štecl machte nur eine wegwerfende Handbewegung: Wegen Schulden, Fräulein. An solche Dummheiten wie Liebe hat er nie gedacht. – Liebe soll Dummheit sein? habe ich da gefragt, doch Herr Štecl machte wieder seine wegwerfende Handbewegung: Wie man's nimmt! So mancher verliebt sich und vernachlässigt seine sonstigen Pflichten. Da hatten wir so einen Fall bei uns in der Kanzlei. Einer verliebte sich, und

man mußte ihn entlassen, denn er schrieb lauter Unsinn, und einmal verzählte er sich an der Kasse um volle tausend Kronen. Manch anderer wieder verliebt sich und verblödet... – Erlauben Sie, unterbrach ich ihn, haben Sie sich nie verliebt? – Was fällt Ihnen ein, erwiderte er verwundert, warum sollte ich mich denn verlieben? Ich bin mit meinem Junggesellenleben recht zufrieden. Ich lebe ungemein ruhig und außerordentlich bequem. – Und haben Sie überhaupt nicht die Absicht, sich jemals zu verlieben? – In absehbarer Zeit bestimmt nicht, Fräulein!«

»Dazu hätten wir euch nicht allein zu lassen brauchen«, bemerkte der Herr Vorsteher.

»Was denkt er sich eigentlich?« fragte die Frau Vorsteher verdrossen. »Das Städtchen ist viel zu klein, als daß wir nicht ins Gerede kämen! Ich wundere mich überhaupt, wie wir uns mit Herrn Štecl so weit anfreunden konnten, daß wir ihn so oft zum Essen einladen!«

»Ihr habt ein schwaches Gedächtnis, meine Lieben!« sagte der Vorsteher grimmig. »Als vor vier Jahren die Zuckerfabrik hier gebaut wurde, das wißt ihr sicherlich noch sehr gut, da verursachte die Mitteilung, der Buchhalter in der Zuckerfabrik, Herr Štecl, sei jung und ledig, bei uns allerlei Aufregung!«

»Und Herr Štecl ging in das gleiche Gasthaus wie du«, sagte Frau Šťastná vorwurfsvoll, »und du hattest nichts Eiligeres zu tun, als ihn einmal zu Pfingsten zum Mittagessen mitzubringen!«

»Du hast mir ja dauernd in den Ohren gelegen«, meinte Herr Šťastný traurig, »das Mädchen ist heiratsfähig, Herr Štecl ist eine gute Partie, den müssen wir uns halten, und anderes Larifari. Und was macht Herr Štecl? Er ißt und trinkt sich satt und geht dann zufrieden nach Hause, seinen Bauch auszuruhen. Da bleibt nichts anderes übrig, ich muß die Sache selbst zum Abschluß bringen. Er muß sich jetzt erklären! Das wäre ja gelacht, wenn er nicht wollte!«

»Wenn er nicht wollte, wenn er nicht wollte«, äffte ihn seine Frau nach, »warum sagst du nicht lieber, er muß wollen?!«

»Laß mir meine Ruhe!« ereiferte sich Herr Šťastný. »Wenn er das nächste Mal zu uns kommt, nehme ich ihn ins Gebet. Ich

mache mit ihm einen kleinen Bummel, schließlich bin ich ein guter Redner ...«
Bei den Worten »ein guter Redner« lachte die Frau Vorsteher verächtlich.

Am Sonntag machte der Herr Vorsteher mit Herrn Štecl vor dem Mittagessen einen Bummel durch die Stadt.
Herr Šťastný wartete nur auf eine Gelegenheit, sein Opfer auf die Vorzüge einer Heirat hinzuweisen.
Plötzlich fuhr in einer Kutsche ein Brautpaar vorüber, dem andere Kutschen mit den Hochzeitsgästen folgten.
Da packte der Herr Vorsteher den Herrn Buchhalter aus der Zuckerfabrik am Ärmel. »Schauen Sie nur, alle haben gedacht, der Hradecký nimmt die Emma gar nicht«, sagte er und deutete auf den Bräutigam in der Kutsche, »und dabei ist er immer zum Mittagessen hingegangen, zur Familie Zeman, wissen Sie? Die ganze Stadt hat darüber gesprochen. Es hieß ganz allgemein, der Hradecký ginge nur dem guten Mittagessen zuliebe hin, und nun haben sich die Leute doch geirrt! Jaja, was ein guter Charakter ist, der weiß, was er zu tun hat. Er beendet eine solche Angelegenheit ehrenhaft. Übrigens, ist es denn nicht gut, verheiratet zu sein? Sie sehen es doch an mir, wie glücklich ich lebe. Herrlich und zufrieden. Ich habe mein gutes Essen; Kleider und Wäsche sind immer in Ordnung; wenn ich auch nur einmal huste, steht gleich der Tee bereit; und habe ich gar Schüttelfrost, macht mir meine Frau sofort einen Ziegel heiß, fürs Bett, wissen Sie, zu den Füßen! Fürsorge und Liebkosungen – das alles erwirbt man, wenn man heiratet. Wenn ich Ihnen raten darf: Heiraten Sie, Herr Štecl, Sie werden sehen, Sie sind nicht enttäuscht! Haben Sie nur Vertrauen zur Ehe! Das ist doch kein Leben, so ganz allein wie ein Zaunpfahl dazustehen ... Es ist nicht gut, daß der Mensch allein sei ... Ein lediger Mensch – das ist so, wie soll ich es nur ausdrücken, nun eben so wie ein Zaunpfahl ... Das weitere sage ich Ihnen in der Weinstube. Sie sind mein Gast ...«
In der Weinstube nötigte der Herr Vorsteher dem Beamten der Zuckerfabrik rasch nacheinander zwei Viertel Wein auf und fuhr dabei fort, den Ehestand zu preisen: »So ein zartes

Wesen, so ein junges Weibchen – das macht einem Mann nur Freude! Jaja, es ist schon so, wie ich sage: ein reizendes Geschöpfchen! Wenn es verliebte Augen macht ... Kamerad, heiraten Sie! Versprechen Sie mir, daß Sie heiraten! – He, Freund, geben Sie mir Ihre Hand darauf, daß Sie bald heiraten, ich kann Sie einfach nicht mehr ledig sehen!«
»Herr Šťastný, ich verspreche Ihnen also, daß ich heiraten werde. Hier ist meine Hand darauf!«
»Daß Sie bald heiraten werden?«
»Ja, Herr Šťastný, so bald wie möglich.«
Die Herren reichten einander die Hände, und Herr Štecl wunderte sich, warum ihm der Herr Stationsvorsteher die Hand so kräftig drückte.
Wenig später führte Herr Šťastný glücklich und zufrieden seinen Gast zum Mittagessen.

Kurz darauf nahm Herr Štecl in der Zuckerfabrik Urlaub und trat eine Reise an.
Nach drei Wochen erhielt Herr Šťastný folgenden Brief:

Sehr geehrter Herr!
Sicherlich erinnern Sie sich daran, daß ich Ihnen versprach, so bald wie möglich zu heiraten. Ich bin nun dabei, mein Versprechen einzulösen. Gestern habe ich meine Verlobung mit Fräulein Kamila gefeiert, der Tochter des hiesigen Bürgermeisters, Herrn Kolívka. Sie hat seinerzeit mit meiner Schwester in Prag die Höhere Mädchenschule besucht. Ich hoffe ...

Weiter las der Herr Vorsteher nicht. Der Brief entfiel seiner Hand. Man erzählt sich nur so viel, Herr Šťastný sei in fürchterlicher Wut im Zimmer auf und ab gelaufen und habe sich nicht mehr beruhigen wollen ...

Pepíĉek Nový erzählt von der Verlobung seiner Schwester

Mein Vater ist höherer Staatsbeamter und heißt Nový. Meine Schwester heißt Matylda. Sie hat auch einen Staatsbeamten geheiratet. Der heißt Handŝlág.

Zuerst ist meine Schwester mit einem Herrn von der Statthalterei gegangen. Mein Vater kümmerte sich darum, daß er befördert wurde. Als er befördert worden war, weinten Mutter und Matylda, weil dieser Herr nun aufhörte, mit Matylda zu gehen.

Hernach kam immer ein Studienrat zu uns. Der zeigte ständig mit den Händen: so, so! Und jeden zweiten Satz begann er mit den Worten: »Streng genommen...« Einmal brachte er mir einen Globus mit; als er dann später nicht mehr zu uns kam, ließ er ihn wieder abholen.

Nach dem Studienrat ging Matylda mit einem Ingenieur vom Landesausschuß. Der hatte die Gewohnheit, dauernd zu streiten, und seine ständige Redensart war: »Das Interesse des Landes erfordert es.« Matylda hatte ihn sehr gern, und sie weinte den ganzen Tag, als ihn unser Vater eines Tages hinauswarf, weil der Ingenieur wollte, daß das Geld im Lande bleibt und nicht nach Wien geschickt wird.

Hierauf führte der Vater einen Beamten aus seinem Referat bei uns ein. Das war ein ganz stiller Mensch. Mit ihm sprach er oft bis tief in die Nacht über dienstliche Angelgenheiten. Matylda saß mit einer Handarbeit daneben, der Vater und jener Herr aber sprachen von Politik und tranken dazu Wasser.

Matylda hatte diesen stillen Herrn sehr gern. Dann stellte sich heraus, daß dieser stille Herr irgendwo in Mähren drei Kinder hat. Seitdem kam er nicht mehr, und der Vater sagte nur, er sei versetzt worden.

Ein halbes Jahr lang kam niemand zu uns. Matylda ging mit einem Offizier, aber so, daß man zu Hause nichts davon wußte.

Doch eines Tages entdeckte der Vater ihr Geheimnis und sprach mit ihr ein ernstes Wort. Sie wurde über und über rot. Dann haben wir alle geweint, weil der Vater in einem fort

sagte: »Diese Schande, nein, diese Schande!«
Gleich am nächsten Tag brachte der Vater einen hageren Mann mit, und das war eben jener Handšlág.
Als er wegging, sagte der Vater, das sei ein sehr begabter Mensch. Nach jedem Wort sagte er: »Küß die Hand, gnädige Frau Rat!« Und zum Vater sagte er: »Euer Wohlgeboren, Herr Rat!« Mein Vater ist nämlich sein Vorgesetzter.
Nach zwei Tagen kam er wieder und war ebenso höflich. Dauernd sagte er »Mit Verlaub« und »Gnädige Frau«, und er küßte der Mutter die Hand. Er blieb auch bei uns zum Abendessen. Zu allem, was der Vater sagte, nickte er; jeden Bissen schluckte er voll Hochachtung, und er kaute leise, wobei er sagte: »Mit Verlaub, es ist vorzüglich!« Er sagte auch: »Wie Sie befehlen, Herr Chef!«
Als er weg war, wurde ich ins Bett geschickt, und im Speisezimmer tagte der Familienrat. Ich lauschte an der Tür, wie ich es immer mache, und da hörte ich, wie der Vater sagte: »Du nimmst ihn auf Grund meiner väterlichen Befehlsgewalt, und er heiratet dich als pflichtbewußter Staatsbeamter!« Dann hörte ich, wie Matylda sagte, er sei ein Trottel.
Die Mutter seufzte und sagte, Matylda brauche ihn ja vor der Hochzeit nicht gern zu haben; sie habe als Mädchen den Vater auch nicht gern gehabt, das sei erst fünf Jahre nach der Hochzeit gekommen. Aber Matylda dürfe es diesem Narren nicht zu erkennen geben, daß er ein Trottel sei und daß sie ihn nicht liebe.
Matylda jammerte, sie gehe lieber als Ledige in die Gebäranstalt als daß sie einen heirate, den sie nicht liebe. Die Mutter redete es ihr aber aus, weil es heute keine geheime Abteilung mehr gibt.
Dann versprach der Vater Matylda ein Armband, eine Brillantbrosche und noch andere Dinge.
Da sagte Matylda, sie werde ihn also heiraten, damit sie keine Schande über die Familie bringe.
Hierauf küßten sie Vater und Mutter und sagten: »Das ist unsere brave Matylda.«
Dann hörte ich, wie die Rede auf Handšlág kam. Der Vater sagte, er werde ihn befördern, aber erst nach der Hochzeit, damit er nicht vorher ausreiße oder kneife. Er sei zwar ein

Trottel, aber im übrigen ein ordentlicher Beamter, dem die Amtspflicht heilig ist.
»Wenn er unsere Matylda nur wirklich nimmt«, sagte die Mutter.
»Ich gebe ihm als sein Chef den Auftrag dazu«, sagte der Vater, »und ich werde ihm alles sagen.«
Als Herr Handšlág am nächsten Tag zu uns kam, war er sehr schüchtern und schaute dauernd auf Matylda.
Meiner Schwester war vorher eingeschärft worden, sie solle ihm zulächeln und sich mit ihm unterhalten. Sie gehorchte, und er sagte in einem fort leise: »Jawohl, gnädiges Fräulein.«
Dann wurde Wein gebracht, Herr Handšlág nippte nur leicht, sagte: »Mit Verlaub, Herr Chef!« und begann, von amtlichen Schriftstücken zu reden.
An diesem Tage sprachen die Eltern nicht mehr über ihn, als er gegangen war.
Am nächsten Tag sagte der Vater im Zimmer leise, damit ich es nicht hören sollte: »Heute kommt mein Beamter und hält um deine Hand an, Matylda! Steck eine Rose an die Bluse!«
Das Dienstmädchen lief fort, um eine Rose zu holen, und die Mutter schimpfte dann, es wäre nicht nötig gewesen, eine Rose für dreißig Kreuzer zu kaufen, es hätte auch eine für fünfzehn genügt.
Dann wurde Matylda einparfümiert. Mit dem Rest des Parfüms rieb ich unseren Hund ein.
Herr Handšlág kam im schwarzen Anzug und mit weißen Handschuhen. Er wirkte noch blasser und hagerer als am Vortage. Als er Platz genommen hatte, sprach er wieder über amtliche Schriftstücke.
Die Mutter brachte die Likörflasche und goß ihm dreimal ein. Als sie ihm das vierte Glas eingießen wollte, sagte er: »Es reicht schon, gnädige Frau!« und zum Vater: »Herr Chef, darf ich Sie um eine private Aussprache bitten?«
Der Vater schaute mich an und wies mit dem Finger auf die Tür.
Dann ging die Mutter zu Matylda, die nebenan im Zimmer saß und gähnte. »Dieser Hohlkopf braucht aber lange zum

Heiraten!« meinte sie. Die Mutter betupfte Matylda noch mit Puder.
Da war auch schon Vaters Stimme zu vernehmen: »Matylda!«
Ich stellte mich ans Schlüsselloch und hörte gerade den Vater sagen: »Meine liebe Matylda! Herr Handšlág hat um deine Hand angehalten. Ich habe nichts dagegen, in dieser Frage aber bist du die Hauptperson. Was sagst du dazu?« Ich hörte Matylda weinen und unter Schluchzen sagen: »Ja, ja!«, und hernach hörte ich noch: »Mutter!«
Die Mutter kam herbei und rief: »Kinder, ich habe es ja gleich gewußt! Wie gut ihr zusammenpaßt!«
Dann riefen sie: »Pepíček!« Ich ging ins Zimmer, und da eröffneten sie mir, Herr Handšlág werde Matylda heiraten. Die Mutter fragte mich, ob ich ihn auch gern haben werde. Ich konnte doch nicht nein sagen. Da faßte er mich, küßte mich und rief: »Ach, Pepíček, Sohn meines Chefs!«
Seither sagt er immer zum Vater: »Wie Sie befehlen, Herr Chef und Vater« und zur Mutter: »Küß die Hand, gnädige Frau und Mutter!«
Als er wegging, gab er an der Tür dem Dienstmädchen einen Gulden und mir eine Krone und sagte: »Da hast du, Pepíček, Sohn meines Chefs!«
Am folgenden Tag brachte Herr Handšlág Ringe mit, und als der Wein aufgetragen wurde, hob er sein Glas und sagte: »Auf unsere glückliche Ehe! Mit Verlaub, Herr Chef und Vater, gnädige Frau und Mutter!«
»Werdet glücklich, Kinder!« sagte die Mutter und weinte.
Als Matylda später Herrn Handšlág zur Haustür begleitete, schickten sie mich aus dem Zimmer, und die Mutter sagte zum Vater: »Matylda muß sich im November legen. Das sind nur noch zwei Monate.«
»Im nächsten Monat ist Hochzeit«, entgegnete der Vater, »und dann erst geben wir ihm das Dekret über seine Beförderung...«
Matylda kam wieder ins Zimmer und sagte, der Trottel habe von ihr einen Kuß haben wollen.
»Das ist eine Frechheit!« sagte die Mutter.
»Aber er ist ein guter Beamter!« meinte der Vater.

7. Lektion
Geschichten aus der k.k. Monarchie

Das Bildnis Kaiser Franz Josefs I.

In Jungbunzlau lebte ein Papierhändler namens Petiška. Er achtete die Gesetze und wohnte schon seit unvordenklichen Zeiten gegenüber der Kaserne. Zu Kaisers Geburtstag und zu anderen kaiserlich-königlichen Anlässen hängte er eine schwarz-gelbe Fahne heraus und lieferte für das Offizierskasino Lampions. Außerdem verkaufte er Bildnisse des Kaisers Franz Josef an die jüdischen Schnapsbudiker im ganzen Kreis Jungbunzlau sowie an die k.k. Gendarmeriestationen. Er hätte auch die Schulen des Kreisgebietes mit dem Bildnis des Monarchen beliefert, aber seine Bilder hatten nicht die vom Landesschulrat genehmigte Größe. Der k.k. Landesschulinspektor bei der Bezirkshauptmannschaft sagte daher einmal zu ihm: »Es tut mir sehr leid, Herr Petiška, aber Sie wollen uns Seine Majestät den Kaiser breiter und länger liefern, als durch Erlaß des löblichen Landesschulrates vom 20. Oktober 1981 vorgeschrieben. Der durch das Dekret festgelegte Kaiser ist etwas kürzer. Zulässig ist einzig und allein ein Kaiser in einer Länge von 48 cm und einer Breite von 36 cm. Ihr Kaiser aber ist 50 cm lang und 40 cm breit. Sie machen geltend, daß Sie fast zweitausend Bilder unseres Monarchen vorrätig haben. Glauben Sie nur ja nicht, daß Sie uns jeden Schund anhängen können! Überhaupt ist ihr ganzer Kaiser Ware schlechtester Qualität und von geradezu schändlicher Aufmachung. Er sieht aus, als kämme er sich nie den Bart. Auf die Nase hat man ihm schrecklich viel schwarze Farbe gekleckst, und zu alledem schielt er auch noch.«
Als Herr Petiška nach Hause kam, sagte er entrüstet zu seiner Frau: »Na, mit dem greisen Monarchen sind wir aber reingefallen!« Und das war noch vor dem Krieg. Kurz und gut,

zweitausend Kaiserbilder blieben Herrn Petiška auf dem Halse.
Als der Krieg ausbrach, freute sich Herr Petiška ungemein, denn er hegte die große Hoffnung, seine Ware nun doch noch loszuwerden. So hängte er denn die Bilder des kriegslüsternen Greises in seinem Geschäft auf und versah sie mit der Aufschrift:

GELEGENHEITSKAUF!
Kaiser Franz Josef I. für 15 Kronen

Er verkaufte sechs Stück. Fünf Bilder in die Kasernen, wo diese Lithographien des letzten Habsburgers die Reservisten in der Kantine begeistern sollten, und eines kaufte der alte Tabakhändler Šimr. Dieser österreichische Patriot handelte bis auf 12 Kronen herunter und schimpfte dann noch, selbst dieser Preis sei ein Verbrechen.
Der Krieg ging weiter, aber der Kaiser fand keinen Absatz, obwohl Herr Petiška sogar zur Zeitungsreklame griff. Er gab Inserate auf und bot Seine Majestät den Kaiser in der »Národní politika« und in Baštýřs »Hlas národa« mit folgenden Worten an:

In diesen schweren Zeiten
darf in keinem tschechischen Haus
DAS BILD DES SCHWERGEPRÜFTEN
MONARCHEN
für 15 Kronen
fehlen

Statt der erhofften Bestellungen erhielt Herr Petiška eine Vorladung zur Bezirkshauptmannschaft, wo man ihm sagte, er möge nächstens in seinen Inseraten die Worte »schwere Zeiten« und »schwergeprüft« vermeiden und statt dessen die Worte »glorreiche Zeiten« und »siegreich« verwenden, sonst werde er Unannehmlichkeiten haben.
So gab denn Herr Petiška folgendes Inserat auf:

In diesen glorreichen Zeiten
darf in keinem tschechischen Haus
DAS BILD UNSERES SIEGREICHEN
MONARCHEN
für 15 Kronen
fehlen

Aber auch das war vergeblich. Er bekam nur einige unflätige Briefe, in denen ihm die unbekannten Absender ganz aufrichtig rieten, das Kaiserbild an dem Ort aufzuhängen, den auch der Kaiser zu Fuß aufsuche.

Außerdem wurde er abermals zur Bezirkshauptmannschaft vorgeladen. Dort forderte ihn der amtierende Kommissar auf, die Berichte des k. k. Nachrichtenbüros zu verfolgen und sich bei der Stilisierung seiner Inserate danach zu richten.

»Die Russen sind in Ungarn, sie haben Lemberg besetzt und stehen vor Przemysl. So etwas nennt man nicht ›glorreiche Zeiten‹, Herr Petiška! Das sieht aus, als wollten Sie sich lustig machen, das ist wie eine Verhöhnung, wie Ironie! Wegen solcher Inserate könnten Sie nach Königgrätz vors Divisionsgericht kommen.«

Herr Petiška versprach, künftig besser aufzupassen, und verfaßte folgendes Inserat:

15 Kronen
opfert jeder Tscheche gern,
damit er in seinem Heim
UNSEREN GREISEN MONARCHEN
aufhängen kann

Bei den Zeitungen der Stadt lehnte man die Aufnahme seines Inserates ab. »Menschenskind«, sagte ein Anzeigenredakteur zu ihm, »Sie wollen doch nicht etwa, daß man uns alle erschießt?«

Herr Petiška kehrte aufgeregt nach Hause zurück.

Hinten im Laden lagen die Pakete mit dem ganzen Vorrat an Kaiserbildern herum. Herr Petiška stieß mit dem Fuß da-

gegen, erschrak aber sogleich über das, was er getan hatte. Ängstlich sah er sich um und beruhigte sich erst, als er feststellte, daß ihn niemand beobachtet hatte.
Melancholisch machte er sich daran, den Staub von den Paketen zu wischen. Da bemerkte er, daß einige feucht waren und daß sich auf ihnen Schimmel gebildet hatte. In einer Ecke saß sein schwarzer Kater. Es gab keinen Zweifel, wer an dem feuchten Zustand der Pakete die Schuld trug. Um den Verdacht von sich abzuwenden, begann der Kater zu schnurren. Herr Petiška warf einen Besen nach dem Hochverräter, und der Kater verzog sich schleunigst.
Voll Wut stürzte der Papierhändler in seine Wohnung und brüllte seine Frau an: »Dieses Miststück muß aus dem Haus! Wer kauft denn einen Kaiser, den so ein Katervieh naß gemacht hat? Seine Majestät der Kaiser ist ja ganz schimmlig. Man muß ihn trocken legen. Der Teufel soll den Kerl holen!«
Immer, wenn Herr Petiška sein Mittagsschläfchen hielt, war seine Frau im Laden. Heute aber schlief er sehr unruhig. Er träumte, Gendarmen seien gekommen, um den schwarzen Kater zu holen, und hätten auch ihn gleich mit vors Kriegsgericht geschleppt. Dann träumte ihm, der Kater und er seien zum Tode durch den Strang verurteilt worden, und zuerst sollte der Kater gehenkt werden. Er aber, der biedere Herr Petiška, hielt vor Gericht lästerliche Reden. Er schrie fürchterlich. Da erblickte er plötzlich neben sich seine Frau, die ihn vorwurfsvoll ansah: »Um Gottes willen, was redest du da? Wenn dich jemand hört!«
Dann berichtete sie ihm erregt, sie habe inzwischen versucht, den Kaiser im Garten zu trocknen, aber da hätten Gassenjungen mit Steinen nach den Bildern geworfen, und nun sähen sie aus wie Siebe.
Doch auch noch andere Verluste waren zu beklagen: Auf ein Kaiserbild, das zum Trocknen auf dem Rasen lag, hatten sich die Hühner gesetzt, dort ihren Mageninhalt entleert und dem Kaiser dank ihrem Organismus den Bart grün gefärbt. Zwei Bilder hatte der Hund des Fleischermeisters Holeček, ein junger, unerfahrener Bernhardiner, der nichts vom Paragraphen 63 des Strafgesetzbuches wußte, aufzufressen versucht.

Dem jungen Hund lag das wohl im Blut: seine Mutter war vor einem Jahr dem Schinder übergeben worden, weil sie auf dem Exerzierplatz die Fahne des 36. Regiments aufgefressen hatte.

Herr Petiška war untröstlich. Beim Dämmerschoppen sprach er dauernd von einem Gelegenheitskauf und von Schwierigkeiten, die er mit Seiner Majestät dem Kaiser habe, und der Sinn der ganzen Rede war, daß die Wiener Regierung die Tschechen deshalb voll Mißtrauen betrachte, weil sie nicht bei der Firma František Petiška in Jungbunzlau die Kaiserbilder für 15 Kronen kaufen.

»Geben Sie die Bilder billiger ab!« sagte der Weinstubenbesitzer beim Abschied zu ihm. »Es sind jetzt schlechte Zeiten. Hořejšek verkauft eine Dampf-Dreschmaschine um 300 Kronen billiger als voriges Jahr, und mit dem Kaiser ist es eben auch nicht anders.«

Herr Petiška schrieb also folgenden Reklametext auf eine Tafel und stellte sie ins Schaufenster seines Geschäftes:

In Anbetracht der Wirtschaftskrise
verkaufe ich einen größeren Posten schöner
KAISERBILDER
statt zu 15 Kronen
zu nur 10 Kronen

Wieder blieb es in seinem Laden ruhig.

»Na, wie sieht es denn mit dem Kaiser aus?« fragte ihn der befreundete Weinstubenbesitzer.

»Traurig«, erwiderte Herr Petiška, »kein Mensch will den Kaiser haben.«

»Wissen Sie«, sagte der Weinstubenbesitzer vertraulich zu ihm, »trachten Sie, ihn um jeden Preis loszuwerden, bevor es zu spät ist!«

»Ich will lieber noch warten«, antwortete Herr Petiška.

Und auf den Bildern Seiner Majestät des Kaisers hockte weiterhin der schwarze Kater und benahm sich unmanierlich.

Nach anderthalb Jahren hatten selbst die untersten Pakete

Schimmel angesetzt. Österreich drohte zu zerfallen, und die ganze Monarchie war für die Katz.
Da griff Herr Petiška nach Bleistift und Papier und berechnete schweren Herzens, daß er unter solchen Umständen nicht reich werden könne, daß er aber, wenn er den Kaiser für zwei Kronen verkaufe, trotzdem noch eine Krone je Stück verdienen würde.
Und so entschloß er sich zu einer großzügigen Reklame. Er hängte ein Bild ins Schaufenster und schrieb darunter:

DIESER GREISE MONARCH
ist jetzt
statt für 15 Kronen
für nur 2 Kronen
zu haben!

Ganz Jungbunzlau strömte am selben Tag vor dem Geschäft des Herrn Petiška zusammen, um zu sehen, wie die Aktien der Habsburger Dynastie so plötzlich gefallen waren.
In der Nacht aber holten Herrn Petiška die Gendarmen, und dann ging es sehr schnell: Das Geschäft wurde geschlossen, Herr Petiška hinter Schloß und Riegel gebracht, und bald stand er vor dem Kriegsgericht, angeklagt wegen Vergehens gegen die öffentliche Ruhe und Sicherheit. Der Veteranenverein hielt eine außerordentliche Generalversammlung ab und schloß Herrn Petiška aus seinen Reihen aus
Herr Petiška bekam dreizehn Monate schweren Kerkers aufgebrummt. Eigentlich sollte er fünf Jahre bekommen, aber als mildernder Umstand wurde ihm angerechnet, daß er einst bei Custozza für Österreich gekämpft hatte.
Die Pakete mit den Kaiserbildern jedoch wurden einstweilen beim Militärgericht in Theresienstadt sichergestellt, und dort harren sie der Stunde der Befreiung, bis sie nach der Liquidation Österreich-Ungarns irgendein findiger Geschäftsmann zum Einwickeln von Käse verwenden wird.

Der gefangene Löwe

Der Ungar Josef Örök war Feldwebel im Ungarischen Infanterieregiment in Kaschau. Seiner Kompanie gehörten Slowaken, Polen, Tschechen, Rumänen, Deutsche, Ungarn, Ruthenen und Zigeuner an. Über diese »Völker« herrschte Feldwebel Josef Örök mit eiserner Faust; er dachte sich immer neue Schimpfwörter und Flüche aus und bediente sich aller möglichen Schliche, um die Mannschaft in eine unangenehme Lage und ständig in Schwierigkeiten zu bringen. Dieser Mann hatte den Ehrgeiz, allgemein verhaßt zu sein, was ihm auch voll und ganz gelang.

Als er schließlich erreicht hatte, was er wollte, und wußte, daß er lauter Feinde vor sich hatte, tat er keineswegs so, als wisse er das nicht.

Jeden Sonntag führte er eine plötzliche »Monturvisite«, einen Bekleidungsappell, durch, und ob es nun Slowaken, Polen, Tschechen, Rumänen, Deutsche, Ungarn, Ruthenen oder Zigeuner waren, alle durften am Nachmittag nicht aus der Kaserne. Da fehlte dem einen ein Knopf, oder er hatte zwar alle Knöpfe an der Uniform, aber der fürsorgliche Feldwebel Josef Örök hegte die Befürchtung, der Soldat könnte unterwegs einen Knopf verlieren. Bei einem andern wieder glänzten die Knöpfe nicht so, wie es vorgeschrieben war, oder sie glänzten zu sehr.

»Ja, Täubchen, du gehst heute nicht aus«, sagte Josef Örök zu einem Soldaten und faßte dessen Knöpfe an, »schau her, du Nichtsnutz, zwei habe ich schon in der Hand! Ha, Kerl, du bist so unordentlich, daß ich dich in der Schlacht in die vorderste Reihe stelle, damit du gleich als erster erschossen wirst. Aber nein, was rede ich da, du verfluchter Hund, der Feind würde sich ja schämen, auf dich zu schießen! Wenn der feindliche Hauptmann dich Kerl durch seinen Feldstecher sieht, gibt er gleich Befehl, dich zu schonen; du bist ja kein Soldat,wenn du nicht einmal deine Uniform in Ordnung hast! Ja, Brüderchen, schau nur! Da habe ich wieder einen Knopf angefaßt, und auch der ist mir in der Hand geblieben.«

Nach und nach blieben ihm die Knöpfe der ganzen Kompanie

in der Hand, bis auf die Knöpfe des Zigeuners Gučko. »Ei, du Zigeunerlümmel«, schrie Örök, der sich vergeblich bemühte, sie abzureißen, »mir scheint, du wirst heute als einziger ausgehen. Du hast wohl deinen eigenen Zwirn? Oder hast du ihn etwa auf Staatskosten gekauft? Bürschchen, ich glaube gar, du bist ein Verschwender...! Ha, was sehe ich da, du Haderlump! Du hast ja die Knöpfe mit Draht an der Bluse festgemacht und dabei mit dem Draht militäreigenes Tuch durchstochen! Herrgott im Himmel, siehst du dieses Vieh, diesen Spitzbuben, diesen Verbrecher?!« Und Josef Örök packte den Zigeuner am Ohr, hob schmerzlich den Blick zum Himmel und rief mit klagender Stimme: »Großer Gott, du siehst diesen Infanteristen, aber in deiner grenzenlosen Güte hast du diesen elenden Wurm bisher nicht zertreten. Sicherlich erlaubst du, daß ich diesen Schurken sechs Stunden lang in den Bock spannen lasse, bis er schwarz wird, noch schwärzer, als ihn, diesen schwarzen Teufel, seine Mutter zur Welt gebracht hat.«

Am nächsten Sonntag führte Josef Örök, als sich seine Kompanie zum Ausgehen anschickte, einen Stiefelappell durch und überprüfte, ob in jedem Stiefel genau nach Vorschrift 32 Zwecken waren.

»Ach, meine Lieblinge«, sagte er zu seiner Kompanie, »ich sehe schon, heute habt ihr Kasernenarrest. Ehe ihr nächstens Zwecken in die Stiefel schlagt, müßt ihr erst fragen, wie tief ihr sie einschlagen sollt und wieviel ihr überhaupt einschlagen dürft. Bei der letzten Monturvisite habe ich euch als euer guter Vater die Stiefel um die Ohren geschlagen, wenn nicht 32 Zwecken darin waren. Und was muß ich heute sehen? Die geringste Zahl von Zwecken ist 33. Ihr denkt wohl, je mehr, desto besser?! Das gilt bei Knödeln, ihr Bauernlümmel, aber nicht bei Zwecken! Je mehr, desto schlechter für euch Trampeltiere! Ich lasse euch heute nicht aus der Kaserne und weiß auch schon eine schöne Unterhaltung für euch: Ihr zieht alle Zwecken heraus, bis die Sohle ganz leer ist, und dann schlagt ihr die richtige Zahl von Zwecken ein. Seht ihr, ich habe gar nichts davon, ich muß zuschauen, wie ihr arbeitet, lasse mir einen Liter Wein bringen, und so wird uns schon der Nachmittag vergehen... Ihr braucht euch auch nichts daraus zu machen, daß es heute sehr heiß ist; euer Väterchen Örök wird sich schon am kühlen Wein gütlich tun. Mein Landsmann Maroszy wird den Wein für mich holen, denn dieser Nichtsnutz ist von euch allen noch der kleinste Spitzbube. Der ist der Wahrheit auch am nächsten gekommen; er hat 33 Zwecken in seine Stiefel geschlagen.«

Väterchen Örök blieb der liebenswürdige Vater seiner Kompanie, die er herumhetzte wie ein Löwe scheue Antilopen.

Die ganze Kompanie fürchtete ihn, und er war darauf bedacht, daß die Mannschaft ständig vor ihm zitterte wie ein Schilfrohr im Wind.

Seine Stimme klang wie das Brüllen eines Löwen, vor dem selbst Elefanten erbeben, wie er einmal nebenbei erwähnte, als er die Mannschaft sich rühren ließ.

Während solcher Ruhepausen belehrte er die Mannschaft fein und gefühlvoll, damit die Leute diese wenigen Augenblicke zu schätzen wüßten. Ihnen war klar: Kaum sind diese Sätze verhallt, werden sie wieder bis zum Umfallen exerzieren, damit sie endlich merken, sie knien nicht vor dem Altar, sondern üben »Kniet!« auf dem Exerzierplatz.

Und wieder erklang das donnernde Brüllen: »Kniet! Auf! Kniet! Auf! Nieder! Kniet! Auf! Kniet! Auf!«

Eines Tages bekam Feldwebel Örök Arrest. Der Löwe hatte sich betrunken.

Er hatte sich so betrunken, wie es nur ein Ungar kann. Ohne Mütze war er in die Kaserne zurückgekehrt und hatte das Lied von der schönen Wirtin aus Szatmár gesungen, die den Kaufleuten sogar die Uhren aus der Tasche stahl und die schließlich von den aufgebrachten Kaufleuten den Wölfen zum Fraße vorgeworfen wurde. Dann grölte er, sie hätten die Uhren gemeinsam gestohlen. Schon das hinterließ einen schlechten Eindruck in der Kaserne. Aber zu allem Unglück betrat gerade der Herr Hauptmann den Hof. Örök ging an ihm vorbei und grüßte nicht; er sang nur, es sei doch nicht bei Szatmár gewesen, und die Kaufleute hätten die schöne Wirtin auch gar nicht den Wölfen vorgeworfen. »Melde gehorsamst«, sagte er zum Herrn Hauptmann, »wissen Sie nicht, wie das mit der Wirtin gewesen ist?«

Dafür bekam er 30 Tage Stubenarrest.
Am nächsten Morgen, als Josef Örök in seiner Stube eingeschlossen war, erhielt der Stabsführer Befehl, sich ab und zu davon zu überzeugen, ob Örök nicht etwa durchs Fenster entwichen sei.
Es war ein schöner Sonntagnachmittag, als der Stabsführer, gerade als sich die Soldaten zum Ausgang fertigmachten, an Öröks Tür klopfte und freundschaftlich fragte: »Josef, bist du da?«
»Ja«, meldete sich die verzweifelte Stimme des Feldwebels von drinnen, »ich bin da, Bruder!«
»Kriechst du auch nicht durchs Fenster?«
»Nein, Bruder!«
»Gut! Nach einer Weile frage ich wieder!«
Ein gefangener Löwe!
»Na, Männer, wollt ihr heute nicht ausgehen?« fragte ein Offizier die Mannschaft von Öröks Kompanie.
»Melde gehorsamst, wir sind verwaist«, sagte der Gefreite. »Wir fühlen uns einsam.«
Der Offizier ging weiter und schüttelte nachdenklich seinen Kopf ob solch sonderbarer Liebe. In dem Teil der Kaserne, in dem der Feldwebel Josef Örök eingesperrt war, blieb nur seine Kompanie zurück.
Örök schaute sehnsüchtig zum Fenster hinaus, und vor Wut sträubte sich die Mähne des gefangenen Löwen.
Da erklang es wieder an der Tür: »Josef, bist du da?«
»Ja, Bruder!«
»Kriechst du auch nicht durchs Fenster?«
»Nein, Bruder!«
»Gut, nach einer Weile frage ich wieder!«
Örök saß eine Zeitlang schweigend da, zwirbelte seinen Schnurrbart zwischen den Fingern und verfluchte die Welt.
Doch schon wieder vernahm er eine Stimme: »Josef, bist du da?«
»Ja, Bruder.«
»Josef, bist du da? Kriechst du auch nicht durchs Fenster?«
»Nein, Bruder.«
»Gut, nach einer Weile frage ich wieder.«
Und die Mannschaft der ganzen Kompanie ging langsam an

der Tür der Feldwebelstube vorüber, und einer nach dem andern klopfte an und fragte: »Josef, bist du da?«
Donnerndes Fluchen ertönte hinter der Tür.
Eine Weile war es still, dann trat der Slowake Gombiška an die Tür. Er klopfte kräftig an und fragte mit lauter Stimme: »Čuješ, Jožko, seš vnútri?«
Dann folgten einige Tschechen, und jeder rief: »Josefe, jsi tam?«
Der gefangene Löwe begann zu fluchen. Es war zu hören, wie er den Stuhl gegen die Tür warf und schrie: »Ich lasse euch alle einsperren, alle miteinander!«
Kaum war es still geworden, kamen die Deutschen Schloßberg und Graber, klopften an die Tür und fragten mit zarter Stimme: »Seppl, bist du drin?«
Dann kamen die Ruthenen, die Polen, die Rumänen, und alle fragten in ihrer Sprache: »Josef, bist du da?«
Josef Örök konnte nicht mehr schimpfen, er keuchte nur noch hilflos: »Ihr Spitzbuben, Gott wird euch strafen, und ich sperre euch ein, bis ihr schwarz werdet!«
Auch der Zigeuner Gučko kam und fragte in seiner zischelnden Art mit ergebener Stimme: »Bitte gehorsamst, Herr Feldwebel, sein Sie do?«
»Ach, du Bestie«, schrie Örök, »du kannst dich schon wieder auf den Bock freuen!«
Plötzlich erkannte Örök die Stimme des Stabsführers: »Josef, bist du da?«
»Ja, Bruder«, antwortete gebrochen der arme gefangene Löwe.
»Dann bleib nur drin, Bruder«, sagte der Stabsführer freundlich, »ich kann dir auch nicht helfen!«
Und damit ging er fort, und mit ihm trat die ganze Kompanie ihren Stadtausgang an
Um Mitternacht kehrte der Zigeuner Gučko, der Überzeit gehabt hatte, in die Kaserne zurück. Als er an der Stube des eingesperrten Feldwebels vorbeikam, pochte er so laut an die Tür, daß der Feldwebel Örök aus dem schönsten Schlaf emporfuhr und fragte: »Was ist los?«
»Bitte gehorsamst, Herr Feldwebel, sein Sie noch do?«
Bis heute begreift man noch nicht in der Kaserne, warum der

Feldwebel Örök damals um Mitternacht die Tür seines Zimmers aufbrach...

Auf einer verlassenen Latrine

Manchmal ist einem richtig traurig ums Herz, wenn man so sieht, wie alles verfällt, wie ehemaliger Ruhm vergeht. Einen solch niederschmetternden Eindruck macht die verlassene Latrine auf dem ehemaligen Militärübungsplatz bei Dejwitz unterhalb des Hügels, dort, wo sich der Weg zum Matthäi-Kirchlein emporschlängelt. Ein Steg führt über den Dejwitzer Bach, der, als er noch genügend Wasser hatte, in Richtung Baumgarten alles Überflüssige fortschwemmte, was einst aus der Latrine floß.

Ach, einst! Wie lange ist es her, daß auf dem Dejwitzer Plateau Trommelwirbel erklang, das Wiehern und das Stampfen von Pferden zu hören war, die Schüsse aus den Mannlicher Gewehren kurz aufbellten und die Signalfähnchen wehten!

Längst sind die Militärkompanien verschwunden, auf dem Plateau leuchten nicht mehr die blauen Uniformen, geblieben ist nur die verlassene Latrine: eine niedrige Bretterwand, damit der Blick ins Innere nicht die Zivilisten verletze, und dahinter zwei in geringer Entfernung übereinander befestigte Balken, die völlig ihren Zweck erfüllten. Unter den Balken zieht sich ein von den Pionieren geschaufelter Graben hin, bis zur halben Höhe angefüllt mit schwarzem, trockenem Laub der Zwetschkenbäume, deren Stämme ringsum aufragen und deren Wipfel neugierig ins Innere der Latrine lugen.

Schmerzlich und wehmütig ist solche Erinnerung. Wenn die Zwetschkenbäume blühen, fallen weiße Blüten in die verlassene Latrine, ringsum leuchten Löwenzahn und Gänseblümchen – es ist, als versuchte die Natur, die verlassene Latrine zu trösten und mit frischen Blüten den Hauch von Wehmut und Trauer zu verjagen, der aus dieser einsamen Stätte aufsteigt.

Im Herbst aber, wenn sich morgens und abends die Nebel ins Tal der Moldau und auf das Dejwitzer Plateau senken, erreicht die Wehmut, die sich über der verlassenen Latrine ausbreitet, ihren Höhepunkt. Der Wind, der sich gegen die morschen Bretter stemmt, stört durch das Knirschen die abendliche Ruhe, und diese Örtlichkeit macht einen um so tristeren Eindruck, da ihr Ruhm einst so groß gewesen ist.

Nur wenn die Ausflügler eine Wanderung zum Matthäi-Kirchlein unternehmen oder ins Šárka-Tal pilgern, erfährt die verlassene Latrine eine gelegentliche Benutzung. Aber diese Besuche sind nicht von langer Dauer, und sie sind nicht ruhmreich. Bis zum Abend sind alle Besucher verschwunden, und dann folgt eine stille Nacht, traurig und trübselig, und ein noch trübseligerer Morgen und Vormittag.

Die Latrine steht so verlassen, und voll Bitterkeit blickt sie auf den leeren Übungsplatz.

Wo sind die Zeiten hin, als sie hörte, wie sich Kompanie um Kompanie näherte! Kaum waren die letzten Schüsse aus den Mannlicher Gewehren verhallt, vernahm sie zahlreiche Schritte und den scharfen Befehl der Unteroffiziere: »Hosenriemen ab!« Und schon betraten die Soldaten vorbereitet und tapfer, einer nach dem andern, die geräumige Latrine, denn Befehl ist Befehl. Es war ja die süße Zeit einer kurzen Ruhepause, leider nur allzu kurz, denn unten am Bach stand schon eine neue Abteilung, und wieder ertönte der Befehl: »Hosenriemen ab!«

Dann verklangen die Schritte der Kompanien, und nun kamen die Einzelgänger. Sie genossen die Ruhe und die Stille unter dem weiten Firmament, und wenn sie fortgingen, schrieben sie mit Bleistift ihre Eindrücke auf die Bretterwand und illustrierten ihre Gedanken mit entsprechenden Zeichnungen.

Ab und zu verirrte sich eine feindliche Patrouille mit weißem Band an der Feldmütze hierher, und dann saßen auf dem Donnerbalken Freund und Feind nebeneinander und tauschten ihre Ansichten aus.

Mein Gott! Diese Zeiten bewegten Lebens verschwanden

und sind dahin, so wie vom Wasser des Baches viel fortgeschwemmt wurde.
Eines Tages kam bei einem Spaziergang der Major a. D. Zettel an der verlassenen Latrine vorbei.
Die Latrine stand traurig und einsam. Tränen vergoß sie allerdings nicht, denn sie hatte keine zur Verfügung; sie war ja leblos, trocken wie der vom Blitz gespaltene Stamm der letzten Eiche in einem gefällten Wald.
Auf dem Zwetschkenbaum, dessen Zweige in die Latrine schauen, saß eine Krähe. Ihr Anblick bewirkte, daß der Herr Major a. D. noch trauriger auf das Dejwitzer Plateau und die verlassene Latrine sah.
Er stieg weiter bergan, um die Umgebung besser betrachten zu können. Dann blieb er auf einer Anhöhe stehen, blickte auf den feinen und durchsichtigen Nebel, der über der Gegend lag, und auf den Militärübungsplatz von Dejwitz. Vor einigen Jahren war er hier an der Spitze seiner Kompanien geritten. Überall leuchteten die blauen Uniformen, die Trompeten erschallten, Befehle ertönten, es wurde geschrien und geschimpft, und die Pferde flogen nur so dahin.
Heute aber! Alles leer. Nur unten lag einsam die verlassene Latrine, vor der es einst so lebhaft zugegangen war.
Der Herr Major stieg wieder hinab, und seine Brust erfüllte solche Wehmut, wie wir sie sonst nur kennen, wenn wir an verstorbene Kameraden, an die verlorene Jugendzeit oder an vertanes Geld denken.
Der Herr Major beschleunigte seine Schritte, denn die Traurigkeit übte einen physiologischen Einfluß auf seine inneren Organe aus.
Hastig betrat er mit aufgeknöpfter Jacke die verlassene Latrine und erstarrte: Auf dem Balken saß ein ganz gewöhnlicher Mensch, ein Zivilist, offensichtlich ein Wanderbursche!
Der Herr Major a. D. Zettel machte eine verzweifelte Bewegung, und dabei fiel er in den Graben, den einst die Pioniere ausgeschaufelt hatten. Und es brach sein Soldatenherz, weil es nicht ertragen konnte, daß ein schäbiger Zivilist sein Bedürfnis auf einer verlassenen Militärlatrine erledigt.

Der geistesgegenwärtige Wanderbursche durchsuchte ihm die Taschen und verließ mit Uhr und Geldbörse des Herrn Majors a. D. fröhlich den einsamen Ort.
Seither sitzt der Geist des Herrn Majors a. D. in dunklen Nächten auf dem Balken der verlassenen Latrine und weint herzzerreißend.

8. Lektion
Von der Weisheit der Polizei und der Bürokratie

Ein Mörder wird gesucht

I

Bei der Leiche hatte man ein Messer gefunden. Es wurde als Eigentum des Ermordeten, eines angesehenen Kaufmanns, identifiziert und auf den Plakaten, die die Polizeidirektion in der ganzen Stadt anschlagen ließ, abgebildet, denn die Polizei war davon überzeugt, daß die Abbildung des Messers des Ermordeten irgendwie auf die Spur des Mörders führen würde.

An dem Tage, an dem die Plakate demjenigen, der die Ergreifung des Mörders ermöglicht, eine Belohnung von 1000 Kronen verhießen, rief der Chef der Polizei seinen fähigsten Detektiv, Inspektor Danihelka, zu sich und hatte mit ihm eine längere Unterredung.

»Es besteht kein Zweifel«, sagte Detektiv Danihelka zum Polizeichef, »daß es sich um einen Mord handelt, denn man hat ja die Leiche gefunden, und die gerichtliche Obduktion ergab, daß der Mann eines unnatürlichen Todes gestorben ist. Da überdies Geld gestohlen wurde, ist offensichtlich, daß es sich um einen Raubmord handelt.«

Der Polizeichef antwortete nicht gleich. Er bewunderte im stillen den Scharfsinn seines besten Detektivs, der mit souveräner Ruhe in so knappen, logischen Sätzen alle Einzelheiten rasch zu einem Ganzen zusammengefaßt hatte. »Richtig«, sagte er schließlich, »den Ermordeten haben wir gefunden, was keine geringe Leistung ist, denn seine Leiche war mit Zeitungen bedeckt, und außerdem hat er auf den Anruf ›Ist hier jemand?‹ nicht geantwortet. Diese Frage wurde dem Ermordeten von dem Polizisten Nr. 68 gestellt, der die Leiche entdeckte. Denn als sich niemand meldete, trat der Polizist

Nr. 68 vor und stolperte über etwas, das mit Zeitungspapier bedeckt war. Zunächst schenkte er diesem Umstand keine Beachtung, weil er glaubte, der Laden sei nur nicht richtig aufgeräumt. Erst als er ein Streichholz anriß, bemerkte er, daß unter dem Papier eine Hand hervorschaute. Er ergriff sie und sagte: ›Machen Sie keine Dummheiten!‹ Als er keine Antwort erhielt, verließ er den Laden, um Verstärkung zu holen, denn er war sofort davon überzeugt, daß hier etwas Ungewöhnliches geschehen sein müsse. Außerdem telefonierte er auch gleich zur Rettungsstation und zur Feuerwehr. Als die Polizisten Nr. 119 und 263 kamen, riefen sie dem auf dem Fußboden liegenden und unter Zeitungspapier versteckten Mann zu: ›Im Namen des Gesetzes – ergeben Sie sich!‹ Da der Mann dieser Aufforderung jedoch nicht nachkam, rissen die Polizisten die Zeitungen von ihm herunter, und da stellten sie fest, daß er völlig regungslos dalag und kalt war. Sie rieben ihn mit Essig ab und versuchten es mit künstlicher Atmung, doch schließlich mußten sie einsehen, daß alles vergeblich war und daß man ihn nicht mehr zum Leben erwecken konnte; dem unglücklichen Opfer war nämlich der Kopf abgeschnitten worden und unters Pult gekullert. Dann wurde in der Tasche der Leiche jenes Messer gefunden, das ich fotografieren und auf den Plakaten abbilden ließ. Sobald man also konstatiert hatte, daß es sich um eine ganz ungewöhnliche Sache handelte, wurde ich unverzüglich benachrichtigt. Mit meinem Wagen war ich in drei Minuten am Tatort. Hier stellte ich gleich amtlich fest, daß bei jenem Kaufmann nur ein gewaltsamer Tod in Frage kam; von einem natürlichen Tod konnte nicht die Rede sein. Entweder handelte es sich also um Selbstmord oder um Mord. Wenig später schloß ich einen Selbstmord aus, denn ich habe nie gehört, daß sich jemand selbst den Kopf abgeschnitten hätte. Ich sagte also: ›Meine Herren, ich bin überzeugt, daß hier ein Mord verübt worden ist und daß es zwecklos wäre, der Leiche Balsam auf den Hals zu gießen.‹ Diese Feststellung bedeutete für die Polizei einen großen Erfolg; ich glaube, daß mein Vorgehen die beste Art ist, den Raubmörder dingfest zu machen. Hier war auch nicht eine Minute zu verlieren; alles hing von der schnellen Konstatierung des Mordes ab, denn einen unglücklichen Zufall schloß ich nach sorgsamer Erwägung vollkommen aus. Wir ließen die Leiche fotografieren, und zwar zunächst Rumpf und Kopf separat und dann den Rumpf zusammen mit dem Kopf; diese Fotografien schickten wir ans Departement V mit der Bitte, sie mit den Aufnahmen im Verbrecheralbum zu vergleichen. Das ist freilich nur in der ersten Aufregung geschehen und hatte vorläufig keinen anderen Zweck, als rasch eine allseitige Untersuchung einzuleiten. Später überprüfte ich die Umgebung des Tatortes und entdeckte dabei drei Flaschenverschlüsse. Diese hatten die übliche Form und paßten in der Größe auf Halbliterflaschen. Die Aufwartung bestätigte meine Meinung, daß der Ermordete Bier getrunken habe, denn sie sagte, sie habe dem Ermordeten täglich drei Flaschen Bier holen müssen. Natürlich haben wir die Frau gleich verhaftet. Auch der Hausmeister wurde festgenommen; er behauptete, der Mord müsse in aller Stille verübt worden sein, denn er selbst habe nicht das geringste Geräusch vernommen, als er kurz vor dem Eintreffen der Polizei nach Hause gekommen sei. Er wurde in Haft belassen, damit er mit seinem Gefasele die Sicherheitsorgane nicht auf eine falsche Spur führte. Das Messer, das in der Tasche des Ermordeten gefunden wurde, wies keine Blutspur auf; es ist ein kleines Taschenmesser. Inzwischen habe ich die Nachricht über den Mord in allen Zeitungen publizieren lassen (wobei ich einen Selbstmord sowie einen unglücklichen Zufall ausschloß) und habe eine Belohnung von 1000 Kronen für zweckdienliche Hinweise, die zur Ergreifung des Mörders führen, ausgeschrieben. Das ist das Wichtigste an dem ganzen Fall, lieber Herr Danihelka! Ich bitte Sie, sich noch folgende Notizen zu machen, die Ihre Nachforschungen erleichtern werden: Es wurde festgestellt, daß in den Laden des Ermordeten insgesamt fünfzehn Personen hineingeschaut haben, von denen sechs schwarzhaarig waren, acht blond, eine rothaarig, zwei waren brünett, drei hatten graues Haar. Das sind im ganzen zwanzig Personen. Wie Sie sehen, ist das alles recht verworren. Zuerst habe ich fünfzehn Personen gesagt. Wo sind also die fünf weiteren hergekommen? Das notieren Sie sich, bitte, und unterstreichen Sie es! Aus dem Verhör der Nachbarn geht hervor, daß man, soweit es sich um die Farbe der Augen handelt, graue, schwarze, blaue, braune und grüne beobachtet hat. Hinsichtlich der Kleidungsstücke wurden graue, schwarze, karierte, gestreifte und getupfte bemerkt. Damit ich nicht noch einen anderen wichtigen Umstand vergesse: Im Laden wurde eine Weste gefunden, die dem Ermordeten nicht gehört hat. Diese Weste ist aus braunem Loden verfertigt und gehört allem Anschein nach dem Mörder, denn sie ist mit Blut befleckt. Sicher ist also, daß der Mörder ohne Weste weggegangen ist, oder er hat eine Reserveweste angezogen, vielleicht hat er sich aber auch irgendwo eine andere Weste gekauft; natürlich kann er auch mehrere Westen besessen haben, oder er hat sich eine Weste ausgeborgt oder sie im Versatzamt ersteigert. Vielleicht läuft er seitdem ohne Weste herum, und da kann er wieder eine Windjacke mit Gürtel oder ohne Gürtel tragen, oder er kann seine Jacke zuknöpfen. Das sind lauter wichtige Umstände, und Sie müssen sich alles genau notieren. Der Ermordete hatte, wie ermittelt wurde, schwarzes Haar und unter der Nase einen ebensolchen Schnurrbart. Und jetzt, lieber Herr Danihelka, geben Sie gut acht! Man hat festgestellt, daß Haar und Schnurrbart des Ermordeten echt waren, denn sie waren an der Haut festgewachsen, aber man hat auch eruiert, daß sie gefärbt waren, und zwar frisch gefärbt! Daraus schließe ich folgendes: Der Mörder hat entweder in der Aufregung statt seines eigenen Haares und Bartes, wie er beabsichtigt hatte, um nicht erkannt zu werden, Haar und Bart des Ermordeten gefärbt, oder er wollte, was nicht weniger wahrscheinlich ist, die Spur seiner Tat verwischen und den Ermordeten unkenntlich machen, um dessen Identifizierung zu erschweren. Vielleicht begreifen Sie dieses Raffinement. Plötzlich sollte im Laden des Ermordeten ein fremder Mensch tot aufgefunden werden. Nachforschungen hätten ergeben, daß der Besitzer des Ladens verschwunden ist, und man hätte dann natürlich den Verdacht gehegt, der Kaufmann sei der Mörder, oder kurz gesagt, der Ermordete habe sich selbst in den Laden geschleppt und dort umgebracht. Glauben Sie, daß mir bei so viel Raffinement ganz schwindlig im Kopf wird? Es handelt sich also um einen Mörder, der zu allem fähig ist.

Und dabei ist er kein gewöhnlicher Verbrecher, sondern ein Mann, auf den man sich verlassen kann, denn er handelt in jeder Hinsicht kaltblütig und durchdacht. Meine Mitteilungen werden, wie ich hoffe, Ihre Nachforschungen nach dem Mörder wesentlich erleichtern. Ich betone noch, daß bis zum heutigen Tage bereits achtzig Menschen verhaftet wurden, die das Verbrechen nicht begangen haben. Dadurch wird Ihre Arbeit unter denen, die übrigbleiben, bestimmt leichter, denn mit diesen achtzig Individuen brauchen Sie sich nicht mehr zu befassen. Kurz gesagt, richten Sie sich nach folgendem: Der Mörder wurde bisher nicht ermittelt, und es ist nun Ihre Aufgabe, ihn zu fangen! Signalement: Er ist groß oder klein oder von mittlerer Statur, Augen von beliebiger Farbe, worunter eine die richtige ist, Anzug auch von beliebiger Farbe, beliebigem Stoff und Schnitt. Er kann einen Mantel haben, aber es ist auch möglich, daß er keinen trägt. Alles übrige sind nur Vermutungen. Wir nehmen an, daß er sein Äußeres verändert und seinen Anzug sowie den Mantel gewechselt hat, daß er sich rasieren und das Haar schneiden und kräuseln ließ, daß er gebadet und sich umgekleidet hat. In dieser Hinsicht ist die Sache ganz klar, und Sie können ihn sich jetzt wohl genau vorstellen.« – Detektiv Danihelka verbeugte sich vor dem Polizeichef, steckte sein Notizbuch ein und ging ins Departement VI, um mit den anderen Detektiven, die er aus dem großen Detektivapparat als seine Gehilfen ausgewählt hatte, eine Besprechung durchzuführen.

2

Hofman, Borovan, Marhan, Thom und Med – das waren die besten Detektive, die nun Herrn Danihelka zur Verfügung standen. Diese Detektive enttäuschten die Öffentlichkeit niemals. Sie erkannten immer mit absoluter Sicherheit, ob eine Spur von einem Männerstiefel oder einem Damenschuh herrührte. Stets überraschten sie durch die Logik ihrer Schlußfolgerungen. Mit diesen Männern konnte man in allen Fällen arbeiten, denn sie waren keine Schwätzer, und was sie sagten, taten sie auch. Gewöhnlich sagten sie nach ganztägigen ergebnislosen Untersuchungen: »Gehen wir zu Materna

auf ein Dunkles!« Und das führten sie auch gewissenhaft aus.
Notizblock und Bleistift in der Hand, warteten sie jetzt schweigend auf Danihelka. Mit ernster Miene saßen sie um den Tisch herum, der Wichtigkeit ihrer Rolle bei der Aufklärung dieses Falles bewußt.
Danihelka kam gutgelaunt vom Polizeichef und sagte, während er sich eine Zigarette anzündete, ohne Umschweife: »Liebe Freunde, wir eröffnen die Debatte über das Vorgefallene. Sie wissen alle recht gut, wozu Sie hier sind. Ebensogut wissen Sie, daß es keine leichte Aufgabe ist, die Sie erwartet. Binnen 24 Stunden, na, sagen wir: binnen 48 Stunden müssen wir den Mörder haben. In einer Woche wäre es auch noch nicht zu spät; schließlich dürfen wir die Sache nicht übereilen. Ich gewähre Ihnen also eine vierzehntägige Frist, meine Herren, und verlange keine weitläufigen Referate von Ihnen. Hauptsache ist, daß Sie nicht das Telefon benutzen. Es könnte vorkommen, daß sich zwei Drähte berühren, und der Mörder könnte am Ende zufällig irgendwo im Kaffeehaus am Apparat stehen und das ganze Gespräch mit anhören. Ich gebe Ihnen drei Wochen Zeit. Jetzt, da der Mord bereits konstatiert wurde, könnte Eile nur von Schaden sein. Wir müssen uns nicht überhasten. Wenn wir den Mörder nicht binnen vier Wochen erwischen, schadet es auch nichts. Wir haben ja noch eine fünfte, eine sechste, eine siebente Woche, ach was, wir haben noch eine unendliche Zahl von Wochen vor uns. Der Zeitraum ist unbegrenzt. Und sollten auch Monate verstreichen, ohne daß der Mörder eruiert wird, wir verzweifeln nicht. Vor allem werden wir die ganze Angelegenheit gründlich überdenken, alle Umstände erwägen und die Aufgaben entsprechend verteilen. Was bisher über den Mörder festgestellt wurde, werde ich Ihnen später sagen. Was nicht festgestellt wurde, schicke ich voraus. Vor allem, liebe Freunde, weiß man nicht, wie er aussieht. Er kann schwarzhaarig sein und dabei einen blonden Bart und blaue Augen haben, er kann groß oder klein sein, und sein Haar kann rötlich schimmern, er kann glatt rasiert sein, kann einen Vollbart, einen aufgezwirbelten Schnurrbart, ein englisches Bärtchen oder einen Spitzbart tragen, er kann kahlköpfig und

bucklig sein, möglicherweise aber auch das Gegenteil davon. Vielleicht hat er eine Stupsnase, eine spitze oder eine Adlernase, schmale oder aufgedunsene oder auch sinnliche Lippen. Er kann einen großen Schädel haben, eine hohe oder eine niedrige Stirn, einen spitzen oder einen runden und kleinen Schädel. Und seine Zähne, liebe Freunde, können gut, stark und gesund sein, aber auch spitz und dünn oder auch verdorben und zerfressen. Das alles wissen wir nicht, ebenso wie wir nicht wissen, was für einen Anzug er trug. Es bestehen hundertfünfzig Vermutungen hinsichtlich des Stoffes und der Farbe seiner Kleidung. Das wäre in etwa das vollkommene Signalement des Mörders. Was wir aber ganz genau wissen, das ist, daß der Mörder am Tatort eine braune Lodenweste zurückgelassen hat, die mit Blut befleckt ist. Ihre Aufgabe besteht nun darin, festzustellen, wo der Mörder diese Weste kaufte, ob er sie als einzelnes Stück gekauft hat zusammen mit dem Jackett oder gleichzeitig mit der Hose, ob diese Weste zu einem ganzen Anzug gehört, den der Mörder besaß, oder ob er sie sich nur ausgeliehen oder ersteigert hat. Ferner, ob es eine alte oder eine neue Weste oder eine fast neue Weste ist. Schließlich, ob diese Weste ihm gehört, oder ob er sie vielleicht gestohlen hat. Das sind, wie gesagt, Kleinigkeiten. Der Polizeichef hat mir aber als Dienstgeheimnis noch einen Umstand anvertraut, den ich Ihnen jedoch einstweilen nicht verraten werde. Nur um eines bitte ich Sie in diesem Zusammenhang: Erkundigen Sie sich in Kosmetikgeschäften und bei Friseuren unauffällig danach, wer Haarfärbemittel gekauft hat, wann und für welche Farbe. Die Hauptsache kommt aber noch. Meine Herren, der Mörder ist geboren worden. Man muß vor allem feststellen, wo er geboren und wo er getauft wurde. Das wird unsere Nachforschungen sehr erleichtern. Vielleicht können seine Eltern oder seine Verwandten angeben, wo er sich aufhält, was außer dem Mord seine gewohnte Beschäftigung ist oder ob er Mörder im Hauptberuf ist. Das wird, wie gesagt, unsere Nachforschungen erleichtern und uns zum gewünschten Ziel führen. Ich verlange daher nichts anderes, als daß Sie feststellen, wer die Verwandten und die Eltern des Mörders sind und wo er selbst geboren wurde.«

Die Detektive verneigten sich und erbaten einer nach dem anderen einen Vorschuß auf die Ergreifung des Mörders und seiner Eltern.
Als Danihelka schließlich allein zurückblieb, schrieb er noch schnell den Text einer neuen Bekanntmachung, die er unverzüglich der Staatsdruckerei übersandte:
Die Eltern und alle Verwandten des Mörders werden aufgefordert, unverzüglich dessen Namen und Wohnort der Polizeidirektion, Inspektor Danihelka (II. Stock), zu melden.
Nachdem er die Drucklegung dieses Plakattextes veranlaßt hatte und gerade nach Hause gehen wollte, um sich von der anstrengenden Tagesarbeit zu erholen, suchte ihn ein Redakteur des Nachrichtendienstes auf und befragte ihn nach Einzelheiten der Fahndungsaktion.
Herr Danihelka empfing ihn recht freundlich. »Mein Lieber, ich kann Ihnen nur so viel verraten«, sagte er, »daß wir dem Mörder auf den Fersen sind. Die Spuren führen aufs Land, obwohl es nicht ausgeschlossen ist, daß sich der Mörder in der Stadt verbirgt. Möglicherweise hat er die Stadt gar nicht verlassen, oder er hat sich nur aufs Land begeben, um uns irrezuführen. Wir sind aber schon gewitzigt, und solche Winkelzüge überraschen uns durchaus nicht. Wir sind froh, daß das Publikum dem ganzen Fall das verdiente Interesse entgegenbringt und werden den Herren Journalisten gewiß sehr dankbar sein, wenn sie der Öffentlichkeit mitteilen, welch große Anstrengungen wir machen, um den Mörder zu ergreifen.«

3

Am siebzehnten Tag nach dieser Unterredung verlangten die Detektive Hofman, Borovan, Marhan, Thom und Med einen neuerlichen Vorschuß auf Ergreifung des Mörders, Feststellung seiner Eltern und Auffindung des Taufscheins.
»Die Sache macht ausgezeichnete Forschritte!«, rief Detektiv Marhan aus und rieb sich erfreut die Hände. »Hofman und ich haben neue Spuren gefunden, Herr Inspektor, und Kollege Thom mit Borovan und Med haben entdeckt, wo der

Mörder vielleicht die Weste gekauft hat. Folgende Geschäfte haben im letzten Vierteljahr Westen verkauft: Balzar, Eisner, Epstein, Gabriel, Gans, Goldschmidt, Graf, Groger, Gütig, Hirsch, Horschowitz, Hurych, Jarolim, Kalmus, Košt'ál, Lengsfeld, Líben, Litten, Mazner, Pollak, Rubin, Rutte, Schiller, Schneider, Klimpl, Tausch, Thorberger, Weil, Woditschka und Zink.«

»Und bei folgenden Firmen«, fuhr Detektiv Med fort, »wurden, wie ich festgestellt habe, verschiedenfarbige dunkle und helle Haarfärbemittel gekauft: bei Brichta, Černý, Demartini, Duchon, Feigl, Freund, Hájek, Holoubek, Janoušek, Kordáč, Peroutka, Petřík, Procházka, Srbek, Vítek & Co. Bei der letztgenannten Firma hat jemand erst gestern ein Färbemittel für einen hellen Bart verlangt.«

»Und was den Geburtsort des Mörders betrifft«, sagte Borovan, »so werden wir binnen einem Monat alle Prager Matriken durchforscht haben. Wir bitten nur, uns Zeit zu lassen.«

4

Nach einem Monat holten sich die Detektive Hofman, Borovan, Marhan, Thom und Med den dritten Vorschuß auf die Ergreifung des Mörders und die Feststellung seines Namens in den Matriken. Sie durchforschten alle Matriken von den sechziger Jahren an, doch infolge eines Zufalls fanden sie nichts, was auch nur ein wenig auf die Spur des Mörders geführt hätte.

5

Nach weiteren vierzehn Tagen verlangten sie einen neuerlichen Vorschuß. »Wir sind auf der richtigen Fährte!« rief Detektiv Marhan siegesbewußt aus. »Von dem Mörder findet sich in den Matriken keine Spur. Daraus schließen wir, daß es sich um ein ausgesetztes uneheliches Kind handelt, das nicht in die Matrik eingetragen wurde.« Und sie nahmen einen Vorschuß auf Eruierung des unehelichen Kindes.

6

Wieder verging eine Woche. Da kehrten sie mit einer guten Nachricht zurück. Detektiv Borovan hatte in einem Straßengraben bei Neugedein ein Paar weggeworfene Socken gefunden. Und sie nahmen einen Vorschuß auf Ermittlung des Mannes, der die Socken weggeworfen hatte.

7

Seit jener Zeit sind zwei Jahre verstrichen. Der Mörder ist noch immer nicht eruiert. Die strebsamen Detektive empfingen inzwischen unzählige Vorschüsse auf Ermittlung des Mörders, der Socken, des Anzugs und anderer Dinge, die, wie sie meinten, dem Mörder gehören konnten. Sie verzweifeln jedoch nicht. Sie sagen, alles sei in bester Ordnung.
Auch die Öffentlichkeit verzweifelt nicht. Sie sieht, der Ablauf der Nachforschungen ist so hervorragend durchdacht, daß sie nur mit einem positiven Ergebnis enden können. Der ganze Polizeiapparat ist in die Fahndung einbezogen und ungemein flink in seinen Maßnahmen. Der Plan ist bis ins kleinste ausgearbeitet. Die besten Detektive beschäftigen sich unaufhörlich mit dem Fall.

8

Das letzte Wort, das ich in dieser Angelegenheit von Inspektor Danihelka hörte, war: »Ehe fünf Jahre um sind, werden wir den Mörder haben!«
Welch treffliche Methode! Der Mörder wird inzwischen älter und wird sich nicht mehr so geschickt verbergen können. Vielleicht gesteht er seine Untat auch auf dem Sterbebett.

Die Hinterlassenschaft des František Šafránek

Die Hinterlassenschaft des František Šafránek betrug nach Abschluß der Erbschaftsverhandlung 7 Heller. Mehr war von dem guten Mann nicht übriggeblieben. Das schlimmste aber an der ganzen Sache war, daß es niemanden gab, der auf diese

Hinterlassenschaft Anspruch erhoben hätte, und so sah sich der Staat genötigt, diese 7 Heller in Verwahrung zu nehmen und sie in der Staatsbank zu deponieren.
Kaum hatte sich der Staat dieser Sache angenommen, begannen die Behörden, nach den Erben zu forschen. Und sie forschten eifrig.
Das Hinterlassenschaftsamt entfaltete eine fieberhafte Tätigkeit. Zuerst wurde für die Hinterlassenschaft des František Šafránek ein Verwalter bestellt, der mit amtlicher Vollmacht eine gut stilisierte Verlautbarung abfaßte, die – gegen die üblichen Anzeigenpreise – in verschiedenen Zeitungen veröffentlicht wurde. Er sorgte auch dafür, daß im Lokalteil der Tagespresse die Mitteilung erschien, eventuelle Erben sollten dem Hinterlassenschaftsamt Namen und Anschrift bekanntgeben. Die Aufforderung hatte folgenden Wortlaut:
Am 17. Juni d. J. verstarb im Allgemeinen Krankenhaus der 67jährige Ofensetzergehilfe František Šafránek, nach eigenen Angaben ledig. Alle Personen, die Anspruch auf die Hinterlassenschaft des Erblassers erheben, werden aufgefordert, sich beim unterzeichneten Kreisgericht zu melden.
Der Hinterlassenschaftsverwalter, Herr Kamejka, nahm, wie man sieht, die Sache energisch in die Hand und bemühte sich mit jener Gründlichkeit, die ein besonderes Kennzeichen der k. k. Behörden war, das Rätsel um die Verwandtschaft des seligen František Šafránek zu lösen.
Herr Kamejka war Gerichtsoffizial und hatte schon allerlei durchgemacht, aber bisher hatte er noch nie die Ehre gehabt, Hinterlassenschaftsverwalter zu sein. Der Fall František Šafránek war seine erste derartige Amtshandlung.
»Ich werde tun, was irgend möglich ist«, sagte er zu sich, »und es müßte mit dem Teufel zugehen, wenn ich der Sache nicht auf den Grund käme!«
Während Herr Kamejka unermüdlich an der Aufklärung dieses Falles arbeitete, ruhte die Sieben-Heller-Hinterlassenschaft des František Šafránek im Panzergewölbe des Staatsdepots neben den anderen dort verwahrten Schätzen, und ein Soldat mit geladenem Gewehr schritt davor auf und ab.
Herr Kamejka war nicht träge. Er konnte sich nach kurzer

Zeit rühmen, in dieser Angelegenheit rund 50 Inserate in den Prager Zeitungen und in Provinzblättern veröffentlicht zu haben, was das Hinterlassenschaftsamt 600 Kronen kostete. Der Kanzlist Šmíd war tagelang damit beschäftigt, an alle möglichen Šafráneks zu schreiben, die nun unvermutet eine Vorladung vor Gericht erhielten. Allein in Prag gab es zu der Zeit 58 Šafráneks.
Mit einem solchen Material läßt sich schon arbeiten, und es bereitet einem Beamten ein höllisches Vergnügen, sich an den Qualen jener Bemitleidenswerten zu weiden, wenn man sie vor Gericht zitiert und dort streng und gründlich verhört.
Wieviel Ärger hatte Herr Kamejka mit diesen Šafráneks! Einige mußte man sogar vorführen oder – wie es im Amtsstil so reizend heißt – mit Gewalt stellig machen. Das war der Fall bei Alois, Venon, Arthur, Vilém, Karel und Antonín Šafránek sowie bei Filomena Šafránková (die Alte heulte zum Steinerweichen, als sie um 6 Uhr morgens von Gendarmen aus dem Bett geholt wurde). Zwei Šafráneks – Michal und Bohuslav – kostete das die Stelle, denn als die Gendarmen sie von der Arbeit wegholten, wurden sie Knall und Fall entlassen. Doch das macht nichts, denn dem Recht muß unbedingt Genüge getan werden.
Dann studierte Herr Kamejka das Adreßbuch von Pilsen und entdeckte dort zwanzig Personen namens Šafránek. In Klattau fand er deren zehn. Kurz und gut, die Gerichte in Böhmen hatten nichts anderes zu tun, als sich mit der Sache Šafránek zu befassen. In Jungbunzlau wurden vier Šafráneks verhört, in Kolín zehn, in Hořice einer. Dann stellte Herr Kamejka fest: »In Hohenmauth gibt es keinen einzigen Šafránek!« Und eines Tages kam er siegesbewußt nach Hause und verkündete seiner Frau: »Aber in Budweis gibt es deren acht!«
Durch die Kreisgerichte wurden alle diese Personen verhört. Herr Kamejka aber rieb sich vor Freude die Hände und erklärte wiederum: »Es müßte wirklich mit dem Teufel zugehen, wenn der Sache nicht auf den Grund zu kommen wäre.«
Im Laufe des Sommers wuchs die Agenda des Kreisgerichtes

um 629 amtliche Schriftstücke an, und für den Buchstaben »Š« mußte eine eigene Registratur angelegt werden. Außerdem wurde die Einstellung eines zweiten Schreibers erforderlich.

Im Herbst warf sich Herr Kamejka auf das Land Mähren. Das tat er mit voller Verve. »Wir dürfen keinen Augenblick verlieren!« sagte er zu seinen Untergebenen. »Zuerst nehmen wir Brünn vor, dann kämmen wir Olmütz durch, und hernach geht es von Kreis zu Kreis! Schließlich kommt Schlesien an die Reihe. Sehen Sie, meine Herren, mit dem Gerichtsapparat lassen sich weitreichende Aktionen durchführen.«

Und wieder wuchs der Buchstabe »Š« in der Registratur um 566 Vorgänge an. Die Kanzlisten träumten nur noch von Šafráneks.

Eines Tages erklärte Herr Kamejka siegesbewußt: »Und nun beginnen wir mit Wien! Dabei müssen wir allerdings die Polizei um Hilfe bitten. Aber wir dürfen keinen Augenblick verlieren. Fragen Sie sofort telegrafisch an, ob sich in Wien nicht auch Personen namens Šafránek finden!«

Und es fanden sich welche. Die Wiener Polizei überwies an das Prager Kreisgericht einen Šafránek, einen Schafranek und einen Šafrán. Der Zufall wollte es, daß alle drei angesehene Kaufleute waren, die sich nicht wenig wunderten, als man sie bei Nacht festnahm und tags darauf nach Prag transportierte. Dieser Vorfall ist übrigens durch eine Interpellation bekanntgeworden, die im Reichsrat eingebracht wurde.

Herr Kamejka strahlte. »Alles läuft wie am Schnürchen!« stellte er zufrieden fest. »Sie werden sehen, daß ich doch noch die Erben des František Šafránek eruiere. Jetzt bitten wir noch die Konsulate um Hilfe.«

Wiederum kamen 172 neue Schriftstücke hinzu. Die Konsulate nahmen sich dieser Angelegenheit ebenfalls energisch an, und so konnte sich Herr Kamejka nach einem Dreivierteljahr mit Recht eines schönen Erfolges rühmen: In Deutschland hatte man 314 Personen namens Šafránek ermittelt, in Frankreich 2, in England 9, in Rußland 13 (nach ihrer Feststellung waren sie sofort nach Sibirien deportiert worden), in der Türkei gab es einen Šafránek-Bei, in Spanien hatte man keinen

gefunden, dafür in Amerika 80. Aus Australien war keine Antwort eingetroffen, aus Peking eine negative, aus Tokio aber ein begeistertes Schreiben, daß es dort niemanden dieses Namens gebe.
»Meine Herren«, sagte Herr Kamejka erfreut zu seinen nachgeordneten Beamten, »alles beginnt sich aufzuklären. Sie werden sehen, binnen zwei Jahren haben wir die Erben ermittelt. Natürlich dürfen wir die Angelegenheit nicht aus dem Auge verlieren. Wir müssen nochmals an die einzelnen Gerichte schreiben, müssen Nachforschungen anstellen, müssen unermüdlich suchen und dürfen uns keine Ruhe gönnen. Die Auslagen belaufen sich bisher auf nur 11 000 Kronen, das ist eine Kleinigkeit in Anbetracht der Bedeutung dieser Rechtssache.«
Und man forschte weiter.

Eines Tages kam Herr Kamejka jedoch in festlicher Stimmung ins Büro und sagte zum Kanzlisten Šmíd: »Bitte, nehmen Sie mit mir ein Protokoll auf – in Sachen der Hinterlassenschaft des František Šafránek! Lachen Sie nicht, meine Herren, ich bin nicht verrückt geworden! Fragen Sie mich in üblicher Form: ›Sie heißen?‹ Darauf antworte ich: ›Jan Kamejka.‹ Sodann fahren Sie fort: ›Waren Sie vielleicht mit dem verstorbenen František Šafránek verwandt oder verschwägert?‹ Und dann, meine Herren, erwidere ich: ›Ich war mit ihm verwandt!‹ Meine Herren, ich sehe Ihre Erregung. Jawohl, wir haben uns endlich bis zum Ziel durchgearbeitet! Meine Mutter hieß mit ihrem Mädchennamen Šafránková. Das habe ich gestern bei Durchsicht meiner Familienpapiere festgestellt. Sie hatte einen Bruder namens František Šafránek, zuständig nach Ounětice. Dieser Bruder war viel jünger als sie, er war gelernter Ofensetzer und ist mit dem verstorbenen František Šafránek, dem Erblasser, identisch. Ich melde mich wegen dieser Erbschaft und bitte, mit mir ein Protokoll aufzunehmen.«

Es dauerte noch 5 Jahre, bis die restlichen kleinen Formalitäten erledigt waren. Dann trat Herr Kamejka die Erbschaft an. Aus dem Staatsdepot wurden ihm jene 7 Heller ausgezahlt. Er trug sie bis zu seinem Tode als Anhängsel an einer goldenen Uhrkette.

Der Amtseifer des Mauteinnehmers auf der Prager Brücke, Stěpán Brych

Sicherlich ist sich jeder, der schon einmal über eine der Prager Brücken gegangen ist, beim Betreten der Brücke der Bedeutung dieses Augenblickes bewußt gewesen. Die strengen Amtsmienen der uniformierten Männer im Mauthaus und davor, die ernste, würdevolle Gestalt des Polizeiwachtmeisters auf der Fahrbahn und die Tafel, die nüchtern die für Mensch und Tier geltenden Brückengebühren aufzählt – all das hinterläßt den Eindruck eines wichtigen Ereignisses.
Betrachtet man jene Gestalten vor dem Mauthaus, die sich sogar vom verführerischen Lächeln einer Frau nicht beeinflussen lassen, möchte man am liebsten die Hand küssen, die sich einem entgegenstreckt, um den fälligen Kreuzer zu kassieren. Man empfindet Liebe zum Magistrat, schätzt den Amtseifer und die Unbestechlichkeit der Mauteinheber, und wenn man sich vor Augen hält, daß diese Männer mit den Deckelmützen durch alle jene Paragraphen geschützt sind, die sich auf Feststellung und Bestrafung jeder Form von Beamtenbeleidigung beziehen, zieht man ehrerbietig den Hut und legt pflichtschuldigst seinen Kreuzer in die Hand jener unerbittlichen Brutusse der Stadt Prag.
Unter diesen Männern ragte durch besonderen Amtseifer Štěpán Brych hervor, Mauteinheber auf der Kaiser-Franz-Josef-Brücke.
Wie ein Habicht blickte er auf jene Zivilisten, die die Brücke überschreiten wollten.
Er verstand keinen Spaß, und er liebte keine langen Erklärungen.
Befand sich einer von den Zivilisten (die Offiziere brauchten nämlich keine Brückenmaut zu zahlen), einer von den dämlichen Zivilisten, auch nur um Nasenlänge hinter der ausgestreckten Hand des Štěpán Brych, gab es keinen Pardon,

galten keine Ausreden. Entweder bezahlte er seinen Kreuzer, oder er war verloren.
Štěpán Brych brauchte nur zu winken, und der Polizeiwachtmeister vor der Brücke wußte Bescheid. Die Hand auf der Pistolentasche, kam er gemessenen Schrittes herbei, Štěpán Brych zeigte auf die Person, die nicht bereit war, die Brückenmaut zu entrichten, und sagte nur ein Wort: »Mitnehmen!«
Dann faßte der Wachtmeister den Betreffenden am Arm und fragte, ebenfalls kurz angebunden: »Kommen Sie gutwillig mit oder muß ich Gewalt anwenden?«
Gewöhnlich wählte jeder die erste Art, auf die Polizeidirektion zu gelangen.
Dort mußte er sich ausziehen, man durchsuchte ihn, maß ihn ab, fotografierte ihn, dann unterzog man ihn einem Verhör, schließlich führte man ihn in Einzelarrest und stellte einen Tag oder höchstens eine Woche später Ermittlungen an, ob der Festgenommene wirklich dort wohnte, wo er angegeben hatte. Dann wurde er entweder entlassen, oder man brachte ihn, wenn er sich in der Zwischenzeit mit allen diesen gesetzlichen Maßnahmen nicht einverstanden gezeigt hatte, ins Landes-Strafgericht auf dem Karlsplatz, von wo er nach verbüßter Haft per Schub in seine Heimatgemeinde gebracht wurde – was alles eine verhältnismäßig geringe Strafe war in Anbetracht des Verbrechens, das sich der Betreffende gegen die Finanzen der Bauabteilung des Prager Magistrats zu verüben erfrecht hatte.
Das alles ließ den Marat der Prager Brücke, den Mauteinheber Štěpán Brych, völlig kalt.

Eines Tages kam der Herr Rat Pojsl von der Bauabteilung des Magistrats zum Mauthaus und sagte zu Herrn Štěpán Brych: »Mein Lieber, lassen Sie mich heute einmal umsonst über die Brücke? Ich muß schnell nach Smíchov und habe mein Geld zu Hause vergessen.«
Wie hätte Štěpán Brych seinen Vorgesetzten nicht kennen sollen? Er hatte ihn sehr gern und schätzte ihn hoch, und diese Liebe zu seinem Vorgesetzten führte nun in seiner Brust einen erbitterten Kampf mit dem amtlichen Pflichtgefühl.

Der Magistratsrat überschritt die Grenze, die durch die vorgeschobene Hand gekennzeichnet war, und Štěpán Brych zog Herrn Pojsl am Rock. Das Pflichtgefühl hatte gesiegt.
»Kehren Sie sofort um, oder bezahlen Sie einen Kreuzer!« sagte er in trockenem Amtston.
»Fällt mir gar nicht ein!«
Štěpán Brych gab dem Wachtmeister, der wie eine Spinne auf Opfer lauerte, einen Wink und sprach sein gewohntes Wort: »Mitnehmen!«
Als der Wachtmeister nach seiner üblichen Beschwörungsformel: »Kommen Sie gutwillig mit, oder muß ich Gewalt anwenden?« den Herrn Magistratsrat abführte, schimmerte im Auge des Brutus von der Prager Brücke eine Träne, und Štěpán Brych weinte zum ersten Male in seinem Leben.
Vierzehn Tage darauf fand in der Bauabteilung eine kleine, aber ergreifende Feier statt: Der Magistrat verlieh dem Mauteinheber Štěpán Brych die Bronze-Medaille für treue Dienste. Den Antrag hatte der Magistratsrat Pojsl persönlich gestellt, der nach seiner Affäre nicht per Schub ins Büro befördert worden war.
Seit dieser Auszeichnung waltete Štěpán Brych noch strenger seines Amtes.

Es war in der Nacht vom 2. zum 3. Mai des gleichen Jahres. Štěpán Brych stand am Mauthaus gegenüber dem Nationaltheater, als plötzlich ein Mann eilends über die Brücke lief. Der Polizeiwachtmeister war gerade nicht da, denn er brachte eben einen, der nicht zahlen wollte, zur Wache. So lief Štěpán Brych dem Mann selbst nach und rief in einem fort: »Halt, Sie müssen einen Kreuzer zahlen!«
Der Unbekannte tat, als höre er nicht, und rannte weiter. Štěpán Brych ihm nach. Dabei rief er in die Dunkelheit: »Patrouille, haltet ihn fest, er muß einen Kreuzer bezahlen!«
Schon befanden sie sich auf der Kleinseite, flogen förmlich über den Aujezd und den Radetzkyplatz, durcheilten die Waldsteingasse, und so ging es weiter und weiter, am Chotek-Park vorbei, vorneweg der Unbekannte, hinter ihm wut-

schnaubend Herr Štěpán Brych, der immer wieder schrie: »Mensch, geben Sie endlich den Kreuzer, oder ich erschieße Sie!«
Und weiter ging es: hinauf zum Dejwitzer Tor, auf der Straße nach Podbaba, und als der Mond hinter einer Wolke hervorkam und der Fliehende sich nach seinem Verfolger umblickte, bemerkte er, daß der Mann mit der Dienstmütze Schaum vor dem Munde hatte und schrecklich die Augen verdrehte.
In Todesangst lief der Mann zum Fluß und sprang in die Strömung, um sein Leben zu retten.
Ein zweiter Sprung ins Wasser – Štěpán Brych schwamm dem Ausreißer nach.
In der Mitte des Flusses holte er ihn ein, rief laut: »Bezahlen Sie endlich den Kreuzer!« und umklammerte ihn mit beiden Armen.
Eine Welle riß beide in den Strudel...

Drei Tage später fischte man bei Klecany zwei Ertrunkene, die einander krampfhaft festhielten, aus der Moldau.
In der Faust des einen Ertrunkenen fand man einen Kreuzer.
Es war die Leiche Štěpán Brychs, dem es noch im Todeskampf gelungen war, aus der Tasche des Verfolgten einen Kreuzer herauszuholen.

Seit dieser Zeit spukt es um Mitternacht an der Moldau zwischen Podbaba und Podhoří: Aus der Mitte des Stromes ruft eine Stimme: »Bezahlen Sie den Kreuzer!«
Das ist der Geist Štěpán Brychs, des gewissenhaften Mauteinhebers von der Prager Brücke.

9. Lektion
Der allmächtige Herr Chef

Das Praktikantensterben bei der Speditionsfirma Kobkán

Der Inhaber der Speditionsfirma Kobkán rief den rotbackigen Praktikanten Pecháček in sein Privatkontor und hatte mit ihm eine lange Unterredung.
Als Pecháček an sein Pult zurückkehrte, war er blaß, zitterte am ganzen Körper, und seine Haare sträubten sich.
»Gekündigt?« fragte der Buchhalter.
Statt zu antworten, nahm der Praktikant Pecháček Hut und Mantel und verließ wortlos die Kanzlei.
Der Buchhalter lief gleich zum Chef. Als er zurückkam, schüttelte er den Kopf und sagte: »Das begreife ich wirklich nicht: Der Chef hat ihn in eine Weinstube geschickt und ihm den ganzen Nachmittag freigegeben!«
Fünf Praktikanten blickten voll Neid auf Pecháčeks leeren Stuhl und vertieften sich dann wieder in ihre Kontobücher.
Über der Kanzlei der Speditionsfirma Kobkán lag ein Geheimnis, eine Atmosphäre des Rätselhaften und Unbekannten.

Und dabei war die Sache doch so einfach, wenn auch etwas sonderbar.
Der Chef hatte mit Pecháček außergewöhnlich leutselig gesprochen. Und der Inhalt seiner Rede war etwa der: »Herr Pecháček, Sie sind ein junger, begabter Mensch! Der Herr Prokurist und der Herr Buchhalter sind voll des Lobes über Ihre Leistungen. Sie sind fleißig, umsichtig, verständig, bescheiden, brav und arbeitsam. Sie trinken nicht, rauchen nicht, spielen nicht, verführen keine Mädchen, machen keine Schulden, verlangen keinen Vorschuß, sind ein guter Rech-

ner und Kalkulator, haben eine ausgeschriebene, elegante Handschrift, gehen sparsam mit Papier um, kommen immer pünktlich ins Büro und gehen abends als letzter weg. Sie haben einen guten kaufmännischen Überblick, stenografieren schnell und gewandt, schreiben fehlerlos auf Schreibmaschinen aller Systeme und beherrschen mehrere Sprachen. Sie kleiden sich einfach, aber schicklich; Ihre Schuhe sind immer auf Hochglanz poliert, und Ihr Kragen ist stets sauber ...«

Dem vorbildlichen Praktikanten stieg vor Glück und Rührung das Wasser in die Augen, und er schaute aufrichtig und dankbar auf seinen Chef, dessen Blick freundlich auf ihm ruhte, während sein Mund mit weicher, etwas zitternder Stimme fortfuhr: »Lieber Herr Pecháček, wie Sie wissen, ist in vierzehn Tagen mein Namenstag. Da würde ich mich freuen, wenn in der Zeitung ein Glückwunsch von meinen Bekannten, meinen Freunden und dem Personal erschiene. Es versteht sich von selbst, daß alle damit verbundenen Kosten von mir getragen werden. Ich möchte aber nicht, daß der Glückwunsch zu meinem Namenstag nichtssagend und alltäglich ist. Wissen Sie, ich hätte gern etwas Originelles, sagen wir: im Spediteurstil. Etwas, was noch nicht dagewesen ist! Etwas so Schönes, daß die Leser noch nach Jahren an diesen Glückwunsch zu meinem Namenstag zurückdenken. Etwas, was alle Menschen zu Tränen rührt! Und da habe ich an Sie gedacht. Es ist klar, daß Sie über diese Sache zu niemandem sprechen. Geben Sie mir Ihre Hand darauf!«

Der Praktikant reichte seine zitternde Hand dem Chef; der drückte sie und sprach weiter: »Sie werden das zuwege bringen! Heute ist ein prächtiger, sonniger Tag, da werden Ihnen die Gedanken nur so zufliegen. Ich gebe Ihnen den ganzen Nachmittag frei. Damit Sie besser dichten können, gehen Sie erst einmal in eine Weinstube und trinken zwei Viertel Muskateller oder Wermut! Ich weiß, daß Sie sich nicht betrinken werden. Und hernach fahren Sie in den Baumgarten, setzen sich auf eine Bank und verfassen den Glückwunsch zu meinem Namenstag! Hier haben Sie fünf Kronen.«

So war es gekommen, daß Pecháček kreideweiß an sein Pult zurückkehrte.
Den ersten und den zweiten Teil des Auftrages führte er gewissenhaft aus: Er ging in eine Weinstube, trank ein Viertel Muskateller und ein Viertel Wermut, betrank sich nicht und fuhr dann in den Baumgarten – wie ein Automat. Er setzte sich auf eine Bank und begann mit der Ausarbeitung des Glückwunsches.
Zu seinem Entsetzen stellte er aber nach kurzer Zeit fest, daß ihm die Gedanken nicht zuflogen und daß alle Annahmen des Chefs hinsichtlich seines begabten Praktikanten zumindest stark übertrieben waren. Weder der prächtige, sonnige Tag noch der Muskateller noch auch der Wermut vermochten ihn zu inspirieren.
»Herrgott im Himmel!« seufzte er. »Es ist zum Verrücktwerden! Was habe ich denn da für einen Mist zusammengeschrieben? Daran ist ja gar nichts Originelles! Ist es denn nicht barer Unsinn, solche Sätze zu bauen wie: ›Empfangen Sie unsere innigen Wünsche, die wir Ihnen aufrichtigen Herzens darbringen! Möge Ihr Leben so strahlend leuchten wie der Sternenhimmel! Möge Ihre Arbeit Tag für Tag erfolgreich sein! Der Himmel gebe Ihnen reichen Segen! Glück, Gesundheit, langes Leben, viel Erfolg für Ihre Firma! Verbringen Sie Ihre weiteren Lebensjahre in Glück und Freude! Alle Ihre Wünsche mögen in Erfüllung gehen! Das wünschen Ihnen Ihre Freunde und Bekannten sowie das Personal.‹«
Pecháček riß das Blatt mit dem Glückwunsch aus seinem Notizbuch, zerpflückte es in kleine Teile und warf die Schnitzel in den Papierkorb. Dann überlegte er und schrieb abermals.
Bald standen in seinem Notizbuch mehrere Glückwünsche zum Namenstag:
»Unsere Wünsche mögen auch in diesem Jahre glücklich sein. Von ganzem Herzen wünschen wir Ihnen das Schönste wieder für das ganze Jahr. Täglich nur Freude und alles Gute. Beste Gesundheit und alles in Hülle und Fülle. Die Wagenpreise um fünfzig Prozent billiger. Ihnen, Ihrer geschätzten Gattin und der ganzen Familie die aufrichtigsten Wünsche! Ihre Freunde und Bekannten sowie das Personal.«

»Wieder ist es uns vergönnt, Ihnen unseren Glückwunsch darzubringen und Ihnen viel Gesundheit und Glück in Hülle und Fülle zu wünschen. Wohlstand und Erfolg bei allen Unternehmungen und den Segen des Himmels wollen wir auf Sie herabflehen. Mögen Sie von Krankheit verschont bleiben; nur eitel Freude sei Ihr Teil! In jeder Woche viele Geschäfte, Möbeltransporte, Gepäckversicherungen, Übersiedlungen durch die ganze Republik, Warentransporte per Bahn und ein Gewinn, der in die Millionen geht – das wünschen Ihnen aufrichtig Ihre Freunde und Bekannten sowie das Personal.«

»Wir wünschen Ihnen eitel Freude und langes Leben. Möge Fortuna Ihnen hold sein! Glück, Heil und Segen und gute Geschäfte! Mögen Sie mit Ihrer geschätzten Frau Gemahlin alles Gute in Freuden genießen! Das wünschen Ihnen aufrichtig Ihre Freunde und Bekannten sowie das Personal.«

»Möge Ihr Geschäft blühen und gedeihen! Fern bleibe Ihnen aller Kummer! Ihr Leben fließe dahin wie ein stiller Bach. Der Herr schenke Ihnen ein langes Leben. Möge jedes Ihrer Unternehmen glücklich ausgehen! Mögen alle Krankheiten zunichte werden! Eine Erhöhung der Speditionsgebühren zeichne sich am Horizont ab! Das wünschen Ihnen einmütig Ihre Freunde und Bekannten sowie das Personal.«

Außerdem enthielt das Notizbuch Reimvorschläge.

Der unglückliche Praktikant strich alles durch, zerriß die Blätter, warf sie weg, griff sich an den Kopf und ging in den Stadtteil Troja.

»Ein Idiot bin ich, ein Trottel, ein ausgemachter Kretin! Ich leide wohl an Gehirnerweichung. Etwas Originelles im Spediteurstil! Mein dummer Schädel! Ein Trottel bin ich, ich bin total verblödet, von Intelligenz keine Spur! Ein blödes Vieh bin ich! Heu habe ich im Schädel!«

In Troja stolperte er in eine Weinstube und versuchte dort, sich mit Hilfe einer ganzen Flasche Wein zu inspirieren. An Stelle der erwarteten göttlichen Eingebung erlitt er aber einen derartigen Anfall von Stupidität, daß er schrieb: »An diesem lieben und uns so wichtigen Tage wünschen wir Ihnen innig, daß Ihr weiteres Leben glücklich und fröhlich sein möge, immer und zu jeder Zeit. Möge Ihnen stets das Glück blühen, möge Ihnen bei jedem Unternehmen Erfolg beschieden sein! Gesundheit und langes Leben – und immer viele Blumen am Fenster! Das wünschen Ihnen innigst Ihre Freunde und Bekannten sowie das Personal.«

»Fertig!« sagte er, glotzte die beschriebenen Zeilen stumpfsinnig an und lachte. »Ich bin erblich belastet, ein notorischer Trottel und Paralytiker!«

Gegen Morgen fand man seinen Hut auf dem Damm der Schleuse bei Klecany. In dem Hut lag ein Fetzen Papier mit seiner Adresse, und darunter stand nur der eine Satz: »Ich kann es nicht.« Sonst nichts.

In der Kanzlei sprachen die fünf Praktikanten über den rätselhaften Selbstmord ihres Kollegen. Sie sprachen leise, und Trauer klang aus ihren Worten, denn es fehlte ihnen ihr guter, fröhlicher Pecháček.

Der Bürodiener kam und sagte: »Praktikant Klofanda – sofort zum Chef!«

»Ich komme!«

Der Chef sprach ihn freundlich an: »Herr Klofanda, Sie sind ein junger, begabter Mensch! Der Herr Prokurist und der Herr Buchhalter sind voll des Lobes über Ihre Leistungen. Sie sind fleißig, umsichtig, verständig, bescheiden, brav und arbeitsam...« Und so ging es weiter bis zu den Worten: »Hier haben Sie fünf Kronen.«

Als Klofanda an sein Pult zurückkehrte, war er blaß, zitterte am ganzen Körper, und seine Haare sträubten sich. Wortlos nahm er Hut und Mantel und verließ die Kanzlei.

Das Geheimnis, die Atmosphäre des Rätselhaften und Unbekannten, wurde immer undurchdringlicher.

Die verbleibenden vier Praktikanten schüttelten den Kopf.

Klofanda hatte nicht so viel schriftstellerische Begabung wie der verstorbene Pecháček, aber er war eine reine, feine gewissenhafte Seele. Er mochte sein Gehirn noch so sehr zermartern, ihm fiel nichts Rechtes ein. Bevor er sich in der Nacht im Wald von Hodkovice erhängte, hatte er nicht mehr als folgende Worte zu Papier gebracht:

»Unser inniger Wunsch ist es, Ihnen unsere aufrichtigsten Glückwünsche zu wünschen, und diesen Wunsch wünschen alle Ihre Freunde und Bekannten sowie das Personal.«
»Die Schuld an meinem Tode trage ich selbst«, hatte er noch auf ein Stück Papier geschrieben, das er am Mantel befestigte.

Die vier Praktikanten in der Kanzlei hatten sich noch nicht einmal gründlich über den rätselhaften Tod ihres zweiten Kollegen ausgesprochen, als der Bürodiener erschien und sagte: »Praktikant Vencl – sofort zum Chef!«
»Ich komme!«
Und der Herr Chef sprach zu ihm: »Herr Vencl, Sie sind ein junger, begabter Mensch... Sie sind fleißig, umsichtig, verständig, bescheiden...« und so weiter, bis zu den Worten: »Hier haben Sie fünf Kronen.«
Das Geheimnis, die Atmosphäre des Rätselhaften und Unbekannten, wurde noch dichter. Der Hauch des Todes wehte durch die Kanzlei.
Der Praktikant Vencl ersann überhaupt nichts. Er starb im Steinbruch von Kyje bei Prag, wo er sich die Pulsadern öffnete. Er starb, ohne eine einzige Zeile hinterlassen zu haben.

»Praktikant Košťák zum Chef!«
»Ich komme!«
Košťák wehrte sich lange gegen den Tod. Volle zwei Tage hielt er sich auf dem Laurenziberg versteckt, erst am dritten sprang er vom Aussichtsturm.
Zu diesem Zeitpunkt war er schon völlig durcheinander und lebte in der Vorstellung, sein Chef sei gar kein Spediteur, sondern habe eine Vogelhandlung, und er, Košťák, müsse für ihn einen Glückwunsch zur Silbernen Hochzeit abfassen.
Daraus erklärt sich auch, daß man auf einer Seite seines Notizbuches folgende Eintragung fand: »Die glücklichen Zeiten mögen wieder erblühen, die Silberhochzeit sich Jahr für Jahr wiederholen, im Geschäft möge alles gedeihen, damit

Sie fröhlich leben und Tausende Paare Tauben, Hasen, Kaninchen und Goldfische zu verkaufen haben. Dies wünscht Ihnen Jan Košt'ák.«

In der Kanzlei des Herrn Kobkán saßen jetzt nur noch zwei Praktikanten.

»Praktikant Havlík zum Chef!«

»Ich komme!«

Als er seinen originellen Glückwunsch in Form eines Geschäftstelegrammes abgefaßt hatte:

KOBKÁN SPEDITEUR NAMENSTAG
HERZLICHEN GLÜCKWUNSCH
BEKANNTE FREUNDE PERSONAL

stach er sich auf dem Abort des Repräsentationshauses mit dem Taschenmesser ins Herz.

»Praktikant Pilař zum Chef!«

Der letzte der Praktikanten, der in der Kanzlei der Speditionsfirma Kobkán übriggeblieben war, erbleichte. Unklar ahnte er, daß hinter der Tür des Privatkontors seines Chefs die Ursache für die schreckliche Tragödie der Praktikanten der Speditionsfirma Kobkán zu suchen war, einer Tragödie, wie sie die Welt noch nicht erlebt hatte, und daß das Geheimnis, die Atmosphäre des Rätselhaften und Unbekannten, nun auch auf ihn zukam.

»Praktikant Pilař zum Chef!« wiederholte der Bürodiener.

Der letzte Praktikant erhob sich und stieß einen verzweifelten Schrei aus: »Nein, ich gehe nicht!«

In der Kanzlei waren vier bleiche Gesichter: Praktikant, Prokurist, Buchhalter und Bürodiener.

»Herr Pilař«, sagte der Buchhalter, »überlegen Sie sich, was Sie da sagen! Das hat es in Böhmen noch nicht gegeben, daß ein Praktikant nicht gekommen wäre, wenn ihn sein Chef rief!«

»Ich gehe nicht«, wiederholte der letzte Praktikant verzweifelt, »um keinen Preis gehe ich zum Chef!«

In der Tür erschien der Chef persönlich. »Herr Pilař, kommen Sie in mein Privatkontor! Ich habe Sie schon zweimal rufen lassen!«

»Ich gehe nicht!« rief der letzte Praktikant. »Wenn ich sage, ich gehe nicht, dann gehe ich auch nicht!« Er begann wild mit den Armen zu fuchteln und schrie: »Alle sind sie gegangen: Pecháček, Klofanda, Vencl, Košťák, Havlík – nur ich gehe nicht, auf keinen Fall!« Und er ergriff das schwere Kontobuch und warf es auf den Tisch. »Ich bleibe hier sitzen. Ich rühre mich nicht von meinem Platz, ich zerschlage alles, ich bringe euch alle um! Ich bin der Kapitän Mohras, die Weltsensation mit dem unerreichten Luftakt. Vor euch habe ich keine Angst!«

Die Wärter können sich über den letzten Praktikanten der Firma Kobkán nicht beschweren. An seinem Anstaltskittel hat er fünf Knöpfe. Die zeigt er jedem, beginnt zu zählen und erklärt: »Der erste ist Klofanda, der zweite Vencl, der dritte Košťák, der vierte Havlík, der fünfte Pecháček. Nein, so ist es nicht! Der erste ist Pecháček, der zweite Klofanda, der dritte Vencl, der vierte Košťák, der fünfte Havlík. Alle sind sie gegangen, ich aber gehe nicht, auf keinen Fall!«
Die Ärzte haben bereits die Hoffnung aufgegeben, daß ihr Patient wieder gesund wird.

Der Namenstag des Herrn Kobkán ging vorüber, ohne daß ein origineller Glückwunsch in der Zeitung gestanden hätte.
In der Kanzlei sitzen sechs neue, frische Praktikanten.
Bis zum nächsten Namenstag des Chefs soll die gerichtliche Untersuchung über das Praktikantensterben bei der Speditionsfirma Kobkán abgeschlossen sein.

Aus dem praktischen Leben

Der Kaufmann Václav Pazourek lief aufgeregt in seinem Lager zwischen den dort gestapelten Fässern, Säcken, Kisten und großen Papierballen hin und her. Ab und zu griff er wütend in einen offenen Sack, hob eine Handvoll Kaffeebohnen hoch und warf sie mißmutig wieder zurück.

Seine Frau hatte ihn einen »Dummkopf« genannt!

Das war in seinem Haushalt zwar nichts Außergewöhnliches, heute aber war es unter besonderen Umständen geschehen, die geeignet waren, ihn ein für allemal lächerlich zu machen.

Da saß er heute mittag in seiner Wohnung beim Essen, als ihm das Dienstmädchen den Besuch einiger Herren meldete. Sie waren gekommen, um ihn zum Ball des Handelsgremiums einzuladen. Vor den Herren des Komitees konnte er sich auf keinen Fall ohne Rock sehen lassen, mit aufgekrempelten Hemdsärmeln, und er ging deshalb in das Nebenzimmer, um seine Toilette zu vervollkommnen.

Irgendwie war es dabei geschehen, daß er eine Vase umwarf.

Seine Frau erschrak und rief: »Du Dummkopf!«

Wenn sie nur das gesagt hätte! Die Herren des Komitees hätten dann denken können, seine Frau habe es zum Dienstmädchen gesagt, und alles wäre in Ordnung gewesen. Aber sie hatte dieses Schimpfwort nochmals wiederholt und hinzugefügt: »Ja, du bist ein Dummkopf, Václav Pazourek!«

Geschrien hatte sie diese Worte, und dabei hatten nebenan die Herren vom Komitee gesessen! Wie mitleidig sie ihm zum Abschied die Hand drückten! Nun würde sich seine Schande wie ein Lauffeuer in der ganzen Stadt verbreiten. Welch unglückseliges Geschick, daß er diese Frau geheiratet hatte!

Der Kaufmann kam an das Ende des Lagerraumes und stieß dort mit dem Fuß an eine Flasche mit Mineralwasser, die auf dem Fußboden stand.

»Ha, das ist eine Ordnung! Ihr nachlässiges Gesindel, euch werde ich lehren, Ordnung zu halten! Josef, kommen Sie sofort her!« rief er in den Laden nach dem Geschäftsführer.

Im Handumdrehen kam ein bartloser junger Mann gelaufen.

»So eine Schlamperei! Wer hat die Flasche hierhergestellt? Ich bin fast darüber gefallen! Können Sie die Flasche nicht an einen anderen Platz stellen? Das Lager ist doch wirklich groß genug! Aber da sieht man gleich, daß Sie sich zu Ihrem Beruf nicht eignen.«
»Herr Chef, Sie haben die Flasche doch selbst hierhergestellt, gestern abend!«
»So? Sieh einmal an, dieser Milchbart will mich belehren! Ich selbst soll die Flasche hierhergestellt haben? Das konnten Sie vielleicht dort erzählen, wo Sie in die Lehre gegangen sind, Sie Bürschchen!«
»Herr Chef, entschuldigen Sie, ich bin zu Ihnen in die Lehre gegangen!«
»So, bei mir? Naja, um so schlimmer für Sie! Da haben Sie nun vier Jahre lang gelernt und wissen nicht einmal, daß Sie sich gegenüber Ihrem Chef anständig zu verhalten haben und daß Sie ihm keine frechen Antworten geben dürfen.«
»Entschuldigen Sie, Herr Chef, ich werde die Flasche wegstellen.«
»Was haben Sie gesagt? Sie wollen die Flasche wegstellen? Wer hat sie denn hierhergestellt?«
»Sie, Herr Chef!«
»Na also, Bürschchen, und da wollen Sie gegen den Willen Ihres Chefs handeln, Sie ...?!«
»Sie haben aber doch selbst vor wenigen Minuten gesagt ...«
»Was, ich soll etwas gesagt haben? Sind Sie aber frech! Gehen Sie, sonst werfe ich Sie hinaus! Wer hat Sie eigentlich hergeschickt?«
»Sie, Herr Chef. Sie haben mich gerufen.«
»Ich soll Sie gerufen haben? Verschwinden Sie, aber sofort, sonst ...«, schrie der Kaufmann dem bleichen Geschäftsführer nach, der eilends in den Laden entwich.
Václav Pazourek setzte seinen Rundgang durch die Lagerräume fort. Immer wieder quälte ihn der Gedanke: Seine Frau hatte ihn vor den Herren des Komitees einen Dummkopf genannt!
Plötzlich blieb sein Blick an einem leeren Platz in der Ecke hängen. Gestern hatte er dort noch ein Faß mit Backpflaumen

stehen sehen. Wohin hatten es die Leute nur gestellt? Sie handeln gegen seine Befehle; sie sind widerspenstig und haben immer eine Ausrede. Jeder Verkäufer, jeder Lehrling, ja selbst der Hausdiener weiß auf alles eine Antwort.
Besonders die Lehrjungen sind in letzter Zeit recht üppig. Vielleicht füttert er sie zu gut, aber von heute ab werden die Portionen kleiner! Sonst wachsen ihm diese Lümmel noch über den Kopf. So kann es nicht weitergehen! Dem Josef wird er das Gehalt kürzen, weil er ihm heute frech gekommen ist.
Nun will er aber erst fragen, wohin sie das Faß gestellt haben.
»Frantík, Ondřej, Josef, sofort hierher!« rief der Kaufmann.
Es erschienen aber nur zwei.
»Wo ist Ondřej?«
»Herr Chef, im Laden sind viele Kunden, er muß dortbleiben, um sie zu bedienen!«
»Seht ihr, der weiß, was sich gehört, ihr aber wißt es nicht! Im Laden sind viele Kunden, und ihr laßt alles liegen, statt die Kunden zu bedienen, und geht im Lager spazieren. So geht es aber nicht weiter, das sage ich euch! Ihr werdet mich noch ruinieren. Verschwindet!«
»Herr Chef, Sie haben uns aber gerufen ...«
»Ach, ob gerufen oder nicht ... verschwindet jetzt, und keine Widerrede! Warum habt ihr nicht die Lehrlinge hergeschickt?«
»Bitte, wir haben nicht gewußt ...«
»Was heißt: ›nicht gewußt, nicht gewußt?‹ Ihr wißt überhaupt nichts! Nur das Gehalt nehmen, das versteht ihr! Für alles übrige laßt ihr den Herrgott und mich sorgen. Schickt die Lehrlinge her!«
Es dauerte nicht lange, da kamen die drei Lehrlinge an, schlotternd vor Angst.
Der Kaufmann maß sie vom Scheitel bis zur Sohle.
»Euch ist anzumerken, daß ihr wieder etwas ausgefressen habt, ihr Nichtstuer. Euch schaut ja die Angst aus den Augen! Warum seid ihr nicht gekommen, wenn ihr gesehen habt, daß die Verkäufer alle Hände voll zu tun hatten?«

»Bitte sehr, wir wußten nicht, daß wir kommen sollten.«
»Wir wußten nicht, wußten nicht ... Das sagt jeder! Ihr seid mir in letzter Zeit recht üppig!«
»Bitte sehr, das sind wir nicht!«
»Keine Widerrede! Seid ihr üppig oder nicht?«
»Ja«, flüsterten die Lehrlinge, kaum hörbar.
»Das will ich meinen! Von heute an geht ihr erst um zwei Uhr zum Essen, und außerdem bekommt ihr eine kleinere Portion. Verschwindet!«
Als die Lehrlinge weg waren, erinnerte sich der Kaufmann, daß er am Morgen dem Hausdiener den Auftrag gegeben hatte, das Faß in den Laden zu bringen.
»Der Hausdiener soll kommen!«
Der Hausdiener kam.
»Hören Sie, Kobza, wenn es mir noch einmal vorkommt, daß ich nach etwas frage, und Sie, der Sie es wissen, sagen es mir nicht gleich, sind Sie gekündigt. Haben Sie mich verstanden?«
»Bitte sehr, ich weiß von nichts.«
»Dieses Lied kenne ich schon! Sie können gehen.«
Als der Hausdiener gegangen war, sagte der Kaufmann zu sich selbst: »Am besten ist es, ich gehe nach Hause! Hier würde ich mich noch totärgern. Die Kerle parieren nicht, tun, was sie wollen, geben freche Antworten und sind üppig. Es ist schon ein rechtes Kreuz mit ihnen!«
Eine halbe Stunde später war Václav Pazourek wieder in seiner Wohnung und sagte zu seiner Frau: »Liebling, bist du mir auch nicht mehr böse wegen der Vase? In Zukunft werde ich vorsichtiger sein.«
»Ich bin dir nicht mehr böse, Václav, aber sag selbst, du bist doch ein Tolpatsch, ein rechter Dummkopf, nicht wahr?« sagte seine Frau zärtlich.
Zögernd kamen über die Lippen des Herrn Pazourek die Worte: »Ja, mein Täubchen!«
Und die beiden Ehegatten umarmten einander herzlich.

10. Lektion
Bürgerliche »Wohltätigkeit«

Der Heilige Abend im Waisenhaus

Das Waisenkind Pazourek erlebte den Anbruch des hohen Weihnachtsfestes in einer Kammer, in die man den Jungen am Heiligen Abend gesteckt hatte. Darin standen zwei Säcke Mehl, aber auch – wie Pazourek voll Freude feststellte – einige Säcke mit getrockneten Pflaumen.
Diese Entdeckung bewirkte, daß sich Pazoureks verzweifelte Lage aufzuhellen begann und daß er beinahe ein inniges Dankgebet für die getrockneten Pflaumen geflüstert hätte, wäre er nicht gerade in einer Stimmung gewesen, in der man vom lieben Gott nicht viel wissen will. Schließlich war es ihm völlig klar, daß er gerade wegen des lieben Gottes hier seine Strafe abbüßen mußte.
Er setzte sich auf einen Sack Mehl und überdachte den Verlauf des ganzen Abends.
Gestern, am Heiligabend, war das Christkind zu ihnen ins Waisenhaus gekommen: in Gestalt des Herrn Katecheten, des Direktors des Waisenhauses, zweier dicker Herren und eines hochaufgeschossenen Mannes, der in einem fort schnuffelte und den alle mit »Exzellenz« ansprachen.
Die beiden bravsten Waisenkinder hatten von unten aus dem Direktorzimmer einige Ballen Halstücher geholt, sie unter den Weihnachtsbaum gelegt und dann dem Herrn Katecheten die Hand geküßt.
Schließlich waren noch einige Herren und eine schwarzgekleidete Dame gekommen, die jedem Waisenkind über die Wangen strich und es nach seinen verstorbenen Eltern fragte.
Als sie zu Tonda Nehovů kam, sagte der, er habe keine

gehabt, worauf alle zu lachen begannen, sein Mitschüler Kalous aber schrie: »Du Bankert!«
Das war das erste, worüber der Herr Katechet mit den Zähnen knirschte, doch er sagte, das Christkind verdiene es nicht, daß er, der Katechet, an einem so festlichen Tage einem Gassenjungen ein Kopfstück gebe. Er werde es am ersten Feiertag nachholen.
Váša Metzer meinte, der hochaufgeschossene Herr, den alle »Exzellenz« nannten, rieche aus dem Mund. Pivora wettete um eine halbe Zigarette, daß das nicht wahr sei.
Zu dieser Zeit waren die Kinder noch immer im Speisesaal. Aber sie hatten den ganzen Tag noch nichts gegessen, hatten Hunger und warteten darauf, daß das Christkind sie erlöse, weil sie den ganzen Tag hatten fasten müssen – bis auf die beiden, die in der Küche geholfen und dort ein Stück Weihnachtsstollen entwendet hatten, womit sie sich ihren Kameraden gegenüber brüsteten. Weil sie Pivora nichts abgaben, verpetzte er sie. Er dachte, er verderbe ihnen dadurch die Freude, aber sie hatten ja die Stolle schon im Magen. Der Herr Katechet züchtigte sie vor allen.
»Die haben schon ihre Bescherung«, feixte Pivora und gab Pazourek einen Rippenstoß.
Noch immer standen sie in einer Reihe und lachten über die dicken Herren, die ein um das andere Mal sagten: »Arme Kinderchen, arme Waisenkinder!«
Hernach hielt der Direktor eine Ansprache, wobei er lebhaft mit den Händen herumfuchtelte. Er sagte, Gott sei barmherzig und lasse keinen Wurm zugrunde gehen. Dabei warf er Winter wütende Blicke zu, weil der dem Herrn, der immer schnuffelte, die Zunge herausstreckte. Der Herr Direktor flüsterte dem Herrn Katecheten etwas ins Ohr, der winkte Winter zu sich und verschwand mit ihm in einem Nebenraum. Nach einer Weile kam Winter zurück, sein Gesicht wies Tränenspuren auf, und er war fortan mucksmäuschenstill.
Sodann befahl der Herr Katechet den Kindern, in den großen Saal zu gehen. Dort stand ein hoher Weihnachtsbaum, auf dem Kerzen brannten. Oben schwebte ein Engel, dem einer mit Kohle einen Schnurrbart gemalt hatte, damit er so aussah wie der Herr Direktor.

Hier standen sie nun eine geraume Weile, bis endlich die Tür aufging und die fremden Herrschaften sowie alle Lehrer des Waisenhauses eintraten.
Der Herr Katechet machte ein Kreuzzeichen und begann, ein Vaterunser zu beten. Alle fielen ein und beteten laut und recht schnell mit, um es bald hinter sich zu haben. Doch es folgten noch ein Ave-Maria und das Glaubensbekenntnis.
Licer tuschelte seinem Nachbarn zu, man hätte doch lieber beim Abendessen beten können, so wisse er nie, woran er sei – immer nur beten und immer hungern.
Nach drei Ave-Maria trat der Herr Direktor vor, bekreuzigte sich und sagte: »In Ewigkeit, Amen!«
Hernach hielt der Herr Direktor wieder eine Rede und sprach länger als eine halbe Stunde über das Christkind. Den Kindern knurrte der Magen immer vernehmlicher.
Der Herr Direktor sagte, das Christkind sei ganz klein gewesen, so klein, er konnte gar nicht sagen, wie klein, sondern zeigte nur immer wieder mit den Händen: »So klein ...«
Die schwarzgekleidete Dame weinte noch mehr, und der Direktor redete immer weiter. Er erzählte von dem Öchslein im Stall und blickte dabei die Waisenkinder bedeutungsvoll an. Dann sprach er über die Halstücher, worauf er sich setzte.
Doch nun erhob sich der Herr Katechet. Er sagte, jedes Waisenkind erhalte zum Gedächtnis der Geburt Christi ein Halstuch, und forderte sie auf, dreimal das Vaterunser, dreimal das Ave-Maria und einmal »Gegrüßet seist du, Königin« zu beten.
Bisher war Pazourek ganz still gewesen, obwohl Pivora ständig versucht hatte, ihn zu provozieren, aber als er jetzt wieder von Vaterunser und Ave-Maria hörte, hielt er nicht mehr an sich und bemerkte zu Pivora: »Das ist eine Beterei wegen jedem Fußlappen!«
Der Herr, der immer schnüffelte, sagte leise etwas zum Direktor. Der nickte mit frommem Augenaufschlag, lief dann nach hinten, faßte Pivora am Ohr und stieß ihm die Knöchel der anderen Hand in die Rippen.
Pivora vermutete, daß diese Sache seiner Weihnachtsstim-

mung Abbruch tun könnte, und sagte daher laut: »Das war ich nicht, das war Pazourek.« Doch Pazourek verteidigte sich auch, und so entstand ein Lärm, daß der Katechet mitten im ersten Vaterunser abbrach. Alle schauten nach hinten.
Die Dame, die ständig vor sich hingeweint hatte, begann plötzlich zu schnaufen, zu seufzen und zu schluchzen.
Die schwarzgekleideten Herren hoben ihre Augen zur Decke und blickten dann auf den Katecheten. Der war in sichtlicher Verlegenheit, die er dadurch zu überwinden suchte, daß er ein blaugewürfeltes Taschentuch herauszog, es vor das Gesicht hielt und so laut hineintrompetete, daß Vošťálek, Blüml, Kačer und Gregor glaubten, draußen blase bereits der alte Diener Vokřál, was das Zeichen zum gemeinsamen Gesang des Weihnachtsliedes sein sollte, und sie wie ein Mann loslegten: »Geboren ist uns Christ, der Herr...«
Der Katechet hob zwar beide Hände, um Ruhe zu schaffen, aber die anderen Kinder dachten, er wolle den Takt geben, und stimmten alle in den Gesang ein.
In diesem erhabenen Augenblick ergriff der Direktor den Pazourek wie ein Tiger sein Opfer und schleppte ihn in die Kammer.
Der geschätzte Leser mag sich eine Speisekammer vorstellen, darin Pazourek, zwei Sack Mehl, einige Säcke mit getrockneten Pflaumen und auf dem Boden ein Topf Milch.
Es versteht sich, daß es nicht das Mehl war, was Pazourek aß und trank. Was er aß und trank, kann man sich also leicht denken. Und die Folgen nach dem ganztägigen Fasten ebenfalls.
Und so kann man sich wohl auch ausmalen, daß die beiden Säcke Mehl überhaupt nicht mehr zu verwenden waren und daß es nach der Mette, als der Direktor Pazourek befreite, aus der Kammer ganz und gar nicht so roch wie sonst aus einer Speisekammer.

Wohltätigkeit

Der Vorstand des Unterhaltungs- und Wohltätigkeitsvereins »Der wahre Wohltäter« stellte Anfang Dezember fest, daß das Vereinsvermögen 120 Kronen betrug. Sofort machten sich die Vorstandsmitglieder daran, in ihrem Vereinslokal eine Beratung durchzuführen, wie das Vereinsvermögen im Hinblick auf das bevorstehende Weihnachtsfest zu wohltätigen Zwecken verwendet werden könnte.
Der Vereinsvorsitzende wurde unter dem Einfluß des reichlich genossenen Bieres sentimental und begann mit bibbernder Stimme von Witwen und Waisen zu sprechen. In düsteren Farben schilderte er den etwas unklaren Fall einer armen Witwe, die sich am Weihnachtsbaum erhängte. Dann begann er zu schluchzen und bestellte sich einen Sliwowitz.
Der Schriftführer ließ drei Flaschen Wein auffahren, und wieder stellte der Vorstand Überlegungen an, wie das Vereinsvermögen am besten zu wohltätigen Zwecken verwendet werden könnte.
Schließlich machte der Vorsitzende, der seinen Sliwowitz in den Wein kippte, den Vorschlag, man solle es an fünf Witwen verteilen. Die könne man auf Grund eines Zeitungsinserates auswählen, durch das arme, unbescholtene, in Not geratene Witwen und Mütter aufgefordert werden, an einem der nächsten Tage zwischen fünf und sechs Uhr nachmittags ihre Gesuche um eine Unterstützung im Vereinslokal abzugeben. Jede dieser fünf Witwen solle 20 Kronen erhalten, das seien zusammen 100 Kronen. Weil aber das Vereinsvermögen 120 Kronen betrage, blieben 20 Kronen übrig. Was solle man damit machen? Man fand eine Lösung, die von großer Weisheit zeugt. Bis Mitternacht vertrank man solidarisch den Betrag, mit dem man zunächst nichts anzufangen wußte, und rundete so das Vereinsvermögen auf rechtschaffene Weise ab.

Das Inserat im Lokalanzeiger begann zu wirken. Der Vorsitzende saß von fünf bis sechs Uhr im Vereinslokal, trank ein Bier und nahm mit immer größerem Entsetzen die Gesuche

der armen Witwen entgegen. Am ersten Tag kamen zwanzig Gesuche mit der Post, und sechzig wurden persönlich abgegeben.
Der Vorsitzende wurde nervös und bemerkte voll Schrekken, daß er nicht mehr weinen konnte. Die Witwen und Waisen, die sich in breitem Strom ins Vereinslokal ergossen, ergriffen ihn tief. Sie küßten ihm die Hände, jammerten und klagten.
Eine Witwe brachte zwölf Kinder mit. Der Arme sah mit vorquellenden Augen, wie diese schmutzigen Kinder auf ein verabredetes Zeichen einen fürchterlichen Klagegesang anstimmten und ihm im wahrsten Sinne des Wortes die Hände zu lecken begannen. Die verschmierten und schmutzigen Mäulchen wirkten auf ihn so ergreifend, daß er um ein Haar in die Tasche gelangt hätte, um von seinem eigenen Geld den Waisenkindern je einen Kreuzer zu schenken, als plötzlich, ohne anzuklopfen, eine neue Gruppe in den Raum stürzte.
Diesmal waren es nur fünf Kinder, die von einer traurig dreinblickenden Frau geführt wurden. Ihr Gesichtsausdruck aber veränderte sich augenblicklich, als die arme Frau die erste ergreifende Gruppe bemerkte. Mit einem Satz war sie bei ihr und traktierte die Mutter der zwölf Waisen mit Ohrfeigen. »Ich bin eine Witwe«, schrie sie, »aber du hast einen Mann, und ihr eßt Gänsebraten! Aus dem ganzen Haus borgst du Aas dir die Kinder zusammen und gehst mit ihnen von Tür zu Tür betteln.«
Der Vorsitzende beobachtete voll Schrecken die Wendung, die der Kampf nahm. Die Angefallene erwischte seinen Regenschirm und schlug ihn der neuen Bittstellerin um den Kopf, während sich die Kinder aufeinander stürzten und dabei die Glasscheibe des Bücherschrankes zertrümmerten.
Da wurde der Vorsitzende wütend. Er hieb mit der Faust dazwischen. Der Kellner warf die falsche Mutter hinaus, der Gastwirt entfernte die zweite, ein Waisenkind nach dem andern flog auf die Straße, dann war es endlich ruhig. Nur die Stimme des Vorsitzenden war zu vernehmen. Er rief zum Schanktisch: »Rasch einen Kognak!«

Kurz vor sechs sank der Vorsitzende vom Stuhl. Er hatte zwanzig Kognaks getrunken. Im Fallen riß er das Tischtuch mit und begrub unter sich alle Gesuche um eine Weihnachtsunterstützung.
Als sich die Vorstandsmitglieder einfanden, schlief der Vorsitzende im Nebenzimmer auf einem Sofa, und sie hatten den Eindruck einer Tragödie, die sich hier abgespielt haben mußte.
An diesem Tage tranken sie sehr mäßig und machten nur eine Zeche von 15 Kronen. So verblieb denn, nachdem auch der Bücherschrank wieder verglast worden war, noch ein Vereinsvermögen von 80 Kronen, und damit entfiel eine Witwe für die Bescherung. Es sollten also nur noch vier je 20 Kronen erhalten.
Am nächsten Tag saß der Schriftführer im Vereinslokal und nahm die Gesuche entgegen.
Er war ein sehr nervöser Mensch. Er wurde fürchterlich wütend, als eine der Bittstellerinnen seine Knie umfing. »Hinaus!« brüllte er. »Hinaus, das ist ja schrecklich!«
Dann erschien eine junge hübsche Witwe. »Nein, ich will nichts hören!« rief er. »Geben Sie das Gesuch her, und damit basta! Haben Sie verstanden? Ich bin doch kein junger Bursche! Zum Donnerwetter!«
Hernach kamen die Vorstandsmitglieder und sprachen wieder mit Ernst und Würde über den wohltätigen Zweck des Vereins.
Der Vorsitzende forderte Ersatz für seinen zerbrochenen Regenschirm. Er wollte zwanzig Kronen für den Regenschirm und für die mit seiner gestrigen Amtshandlung verbundene Mühewaltung. Man machte ihm den Vorwurf, er wolle den Verein aussaugen, weil er dem Alkohol verfallen sei.
Der Schriftführer schrie: Wenn der Vorsitzende 20 Kronen bekommen soll, müßten überhaupt allen amtierenden Vorstandsmitgliedern die Spesen vergütet werden. Schließlich verlangte er 2 Kronen, weil er sich während seiner Amtsstunden ein Beefsteak und drei Glas Pilsner geleistet hatte. Die Debatte wurde immer hitziger. Endlich einigte man sich in folgender Weise: Es sei besser, nur zwei ordentlichen Witwen

je 20 Kronen zu geben, als daß ein Betrag von 20 Kronen in falsche Hände komme.
Als sie sich trennten, war das Vereinsvermögen abermals zusammengeschrumpft.
Der Heilige Abend kam heran, und in der Vereinskasse befanden sich noch 68 Heller. Auf dem Tisch aber lagen 320 Gesuche armer Witwen.
»Meine Herren!« sagte der Vorsitzende. »Infolge verschiedener Umstände, die wir nicht voraussehen konnten, müssen wir in diesem Jahr von einer Weihnachtsbescherung Abstand nehmen. Es verbleibt uns nur noch, einen Beschluß zu fassen, was mit dem restlichen Vereinsvermögen von 68 Hellern geschehen soll. Ich mache den Vorschlag, diesen Betrag als Grundstock der Vermögensansammlung zu wohltätigen Zwecken im nächsten Jahr zu verwenden, und bringe auf diese wohltätigen Zwecke ein kräftiges ›Nazdar!‹* aus.«

Die Stiftung des Herrn Kauble zugunsten der Stadtarmen

Armenvater im dritten Stadtbezirk war Herr Kauble. Diesem Amt hatte er in den letzten zwanzig Jahren seine ganze Zeit gewidmet. Ihm oblag vor allem die Verteilung der Anweisungen für Kohle an die Armen; er gehörte dem Komitee zur Unterstützung der Alten und Siechen an und war Vorsitzender der Kommission für die Stadtarmen.
An den drei Türen seiner Wohnung hatte er Blechschildchen angebracht mit der Aufschrift:

Betteln und Hausieren verboten Wohnungsinhaber zahlt an die Armenkasse

Diese Schildchen kosteten ihn nichts, weil er sie in großer Zahl zu Hause liegen hatte und an jeden ausgab, der eine

* Gruß der tschechischen bürgerlichen Nationalisten, etwa: »Heil!«

Spende von 20 Kronen jährlich für die Stadtarmen leistete.
Die Bettler bekamen davon allerdings keinen roten Heller zu sehen, weil die Verwaltungskosten des Armenreferates alles verschlangen. Der Armenreferent hatte ein Gehalt von 2 400 Kronen jährlich, der Sekretär für das Armenwesen bezog ein Jahresgehalt von 1 600 Kronen und der Bürodiener erhielt 100 Kronen. Der Rest entfiel auf verschiedene Ausgaben, vor allem auf Repräsentationskosten der Mitglieder des Armenreferates bei Teilnahme an Kongressen zum Schutze der Armen.
Für die Bettler blieb also nichts übrig. In den Häusern, in denen sie früher Almosen bekommen hatten, wurde ihnen jetzt bedeutet, das an der Tür befestigte Schildchen zu beachten:

Betteln und Hausieren verboten
Wohnungsinhaber zahlt an die Armenkasse

Trotzdem nahm die Bettelei nicht ab.
Es schien nur einen Ausweg zu geben: die Einberufung einer Konferenz, die Maßnahmen zur Einschränkung des Bettelns beraten sollte.
Die Ortszeitung hatte vorher eine Umfrage durchgeführt, in welcher Weise das Betteln eingeschränkt werden könnte. Zwar gingen viele Briefe ein, in denen darauf hingewiesen wurde, wie stark das Bettelwesen in anderen Städten sei; es waren durchweg so kluge und selbstverständliche Dinge, die da geschrieben wurden, daß nichts anderes übrigblieb, als die Konferenz einzuberufen.
Während der ganzen Woche vor der Konferenz ging der Armenvater, Herr Kauble, durch den Stadtbezirk, hielt die Bettler an und redete ihnen zu, von der Bettelei abzulassen. Auf einige Bettler machte er auch die Polizisten aufmerksam, und so wirkte er erfolgreich die ganze Woche. Dabei ließ ihm der Gedanke keine Ruhe, daß er bei der Konferenz einen Vorschlag zur Einschränkung oder zur völligen Beseitigung des Bettelunwesens machen müsse.

An der Konferenz nahmen auch ein Referent von der Polizei und einer von der Kreishauptmannschaft teil. Der Herr Kreishauptmann erschien sogar persönlich, schlief jedoch bei der Rede des Bürgermeisters ein. Der Polizeibeamte putzte und feilte sich indessen eifrig die Fingernägel, und der Vertreter der städtischen Pfarrei, Kaplan Bláha, las die Statuten eines Feuerwehrkorps, die ihm schon zum fünften Male in die Hand gefallen waren.
Die Rede des Herrn Bürgermeisters wirkte äußerst peinlich. Dauernd sagte er: »Bemühen wir uns also, die Bettelei zu unterdrücken! Sehen wir also zu, die Bettelei einzuschränken! Treten wir also gegen die Bettelei auf! Ich gehe also vom Grundsatz aus, daß es notwendig ist, gegen das Betteln mit aller Schärfe vorzugehen.« Er redete über eine halbe Stunde. Endlich schloß er mit den Worten: »Wenn einer der Herren einen konkreten Vorschlag hat, so bitte ich, uns diesen vorzutragen.«
Da erhob sich der Armenvater aus dem dritten Stadtbezirk, Herr Kauble. Als er ans Rednerpult trat und in die erwartungsvollen Gesichter der Konferenzteilnehmer blickte, strahlten seine Augen vor Begeisterung. Er schickte sich an, all das zu sagen, was ihn die ganze letzte Woche bewegt und worüber er selbst noch im Bett nachgedacht hatte. Wenn man im bequemen Federbett liegt, ist es angenehm, über die Armut des Nächsten nachzudenken.
Vor der Konferenz hatte er sich einen Liter Wein zu Gemüte geführt, und nun drang ihm die Wärme aus dem Magen ins Herz und in die Seele; er begann, mit zitternder Stimme vom beklagenswerten Geschick der Witwen und Waisen zu sprechen.
Der Kreishauptmann schlief weiter, und der Referent von der Polizei gähnte.
»Die Witwen und Waisen müssen geschützt werden«, sagte der Armenvater Kauble emphatisch, »rettet die Witwen und die Waisen vor dem Untergang! Meine Herren«, rief er dann mit donnernder Stimme, daß der Ratssaal erbebte, »meine Herren, man muß etwas für sie tun, um sie mit einem Schlage von ihrer Not zu befreien. Meine Herren, ich habe die feste Absicht, eine Stiftung zu machen.«

Der Kreishauptmann riß die Augen auf. Und weitere dreißig Augenpaare blickten begierig und erstaunt auf Herrn Kauble.
»Unser bester Mann«, flüsterte der Herr Bürgermeister seinen Nachbarn zu.
»Jawohl, eine Stiftung«, rief der Armenvater mit erhobener Stimme, »eine Stiftung, durch die wenigstens einer armen Witwe geholfen wird. Ich schreibe eine Stiftung auf ein Flaschinett, auf eine Drehorgel, aus.«
Im Saal wurde es still.
»Unser bester Mann ist verrückt geworden«, flüsterte der Herr Bürgermeister jetzt seinen Nachbarn zu, während Herr Kauble flammenden Blickes seine Rede fortsetzte.
Feierlich zog dieser »Vater der Armen« einen Bogen Papier aus der Tasche und las:
»Ich, Antonín Kauble, Vater der Armen im dritten Stadtbezirk, Besitzer mehrerer Häuser und Realitäten; Vorsitzender des Wohltätigkeitsvereins ›Antonín Kauble‹ und anderer Vereinigungen, erlaube mir hiermit, die Öffentlichkeit davon zu unterrichten, daß ich den Armen unserer Stadt als Wanderstiftung ein Garraday-Flaschinett vermache. Um die Stiftung kann sich eine blinde Frau im Alter von mindestens 60 Jahren, die Witwe eines Einwohners hiesiger Gemeinde ist, bewerben. Sie muß absolute Unbescholtenheit, Frömmigkeit, Ehrlichkeit und Unfähigkeit zu schwerer Arbeit nachweisen können. Die Geburtsurkunde, der Totenschein des Ehegatten, sein Heimatschein und sein Impfzeugnis sind zusammen mit dem Gesuch beim Armenreferat des Rates des Stadtbezirkes oder unmittelbar beim Urheber dieser Stiftung, Herrn Antonín Kauble, Vater der Armen, einzureichen. Das Flaschinett wird lebenslänglich verliehen; die jeweilige Inhaberin hat die Pflicht, einmal in der Woche bei der Frühmesse für die Familie des Stifters zu beten.«
Der Vater der Armen hatte die Verlesung der Stiftungsurkunde beendet. Wiederum trat Stille ein, die erst nach geraumer Weile vom Herrn Bürgermeister unterbrochen wurde: »Herr Kauble, darf ich mir eine Bemerkung erlauben?«

Dann trat er vor: »Ich danke im Namen des ganzen Armenwesens Herrn Kauble für sein aufopferndes Eintreten zur Linderung der Not der Armen. Verehrter Herr Kauble! Ich spreche Ihnen meinen Dank aus, im Namen der ganzen Stadt, insbesondere aber im Namen unserer notleidenden Mitbürger. Vielen Dank, aufrichtigen Dank!«
Da erhob sich auch der Kreishauptmann, trat zu Herrn Kauble, reichte ihm ostentativ die Hand und sagte: »Auch ich muß Ihnen danken, geschätzter Herr Kauble! Ihre großzügige Stiftung ist ein Beweis dafür, daß die Opferwilligkeit der Mitglieder der hiesigen Gemeindevertretung keine Grenzen kennt. Seien Sie versichert, daß ich Ihr edles Auftreten zugunsten der Stadtarmen nie vergessen werde!«
Nun brachen für den edelmütigen Herrn Kauble Tage reinsten Glückes an. Die Nachricht von diesem Akt der Wohltätigkeit erschien in der Zeitung, und wenige Tage später stand im Schaufenster der Musikinstrumentenhandlung an der Hauptstraße eine Drehorgel mit der Aufschrift:

STIFTUNG
des Herrn Antonín Kauble
des Vaters der Armen

Dann ließ sich Herr Kauble fotografieren, wie er neben der Drehorgel stand und seine Hand darauf stützte. Nach dieser Fotografie ließ er Ansichtskarten herstellen, und nun wurde er noch populärer. Er war unsagbar glücklich, und sein Selbstbewußtsein stieg. Seit jenem Tag erwiderte auch der Kreishauptmann seinen Gruß mit freundlichem Lächeln. Es bestand kein Zweifel: Bei nächster Gelegenheit würde Herr Kauble eine Auszeichnung erhalten.
Kurze Zeit danach beehrte eine hochgestellte Persönlichkeit die Stadt mit ihrem Besuche.
Im Bewußtsein seiner Würde ging Herr Kauble zur öffentlichen Audienz. Ich werde der hochgestellten Persönlichkeit meine Ansichtskarte mit der Drehorgel zum Andenken widmen, war sein letzter Gedanke, als er den Audienzsaal betrat.

Dann schien sich für ihn die Welt zu drehen. Die hochgestellte Persönlichkeit stand vor ihm und lächelte ihm zu.
»Anton Kauble, hochgnädiger Herr«, stotterte er als guter Tscheche deutsch und reichte der hochgestellten Persönlichkeit die Ansichtskarte. Dann fügte er noch hinzu: »Anton Kauble mit dem Flaschinett, Vater der Armen!«
»Ich bin immer ein Vater der Armen«, sagte die hochgestellte Persönlichkeit wohlwollend und gab dem Adjutanten einen Wink.
Der trat zu Herrn Kauble und reichte ihm ein Zwanzig-Kronen-Goldstück. Dabei sagte er in amtlichem Ton: »Die Audienz ist beendet.«
Die hochgestellte Persönlichkeit aber fügte noch freundlich hinzu: »Nur nicht verzweifeln, auch ein Flaschinett kann seinen Mann ernähren, alter Soldat!«
Der Vater der Armen taumelte aus der Tür.
Eine Stunde später verbreitete sich im ganzen Stadtbezirk wie ein Lauffeuer die Nachricht, Herr Kauble habe die Drehorgel, seine großherzige Stiftung zugunsten der Armen, mit seinem Stock kurz und klein geschlagen.

Die Suppenküche

Die Gattin des bekannten Stadtrates Kůrka sprach wieder einmal von der Errichtung einer Suppenküche. Es war nämlich ihre fixe Idee, sie müsse Leiterin einer solchen Wohltätigkeitseinrichtung werden.
Ihr Mann lag auf dem Sofa, rauchte eine Zigarre und hörte ihr nur mit halbem Ohr zu.
Es war ihm schon zuwider, dieses ewige Gerede: »Dann binde ich mir eine weiße Schürze um und beaufsichtige alles. Einen Tag gibt's Erbsensuppe, den zweiten Tag Kartoffelsuppe, den dritten Tag Grütze, und dann wieder Erbsen, Kartoffeln, Grütze. Du mußt eben deinen ganzen Einfluß im Rathaus aufbieten, daß uns ein passender Raum zur Verfügung gestellt wird ...«
»Meinetwegen«, dachte Herr Kůrka, »rede, soviel du willst!«

Er drehte sich auf die andere Seite und schloß die Augen. Aber sie ließ ihm keine Ruhe, sie setzte sich zu ihm aufs Sofa und sprudelte wieder los: »Du mußt mich dabei unterstützen und alle deine Kollegen für die Sache gewinnen. Wir brauchen amtliche Unterstützung, denn Sammlungen allein reichen nicht aus, und ich werde doch für dieses Gesindel nicht noch aus meiner Tasche zulegen. Erbsen sind teuer, und wenn eine Kartoffelsuppe gut sein soll...«
»Sie braucht nicht gut zu sein«, sagte Herr Kůrka gelangweilt. »Wozu sollte sie auch gut sein? Hauptsache, die Kinder bekommen etwas Warmes in den Magen.«
»Nein, an den ersten Tagen muß sie gut sein, denn ich möchte meine Freundinnen einladen, die Suppe zu kosten. Auch die Honoratioren der Stadt werden kommen und den Geschmack der Suppe prüfen. Ich werde eine weiße Spitzenschürze tragen und ein schwarzes Kleid, so lasse ich mich in der Küche fotografieren, und das Bild schicken wir an eine Zeitschrift. Meine Freundinnen werden vor Neid platzen!«
Kůrka erhob sich vom Sofa, zog den Mantel an und verließ das Haus, um diesem Wortschwall zu entgehen. Tag für Tag war es das gleiche; nach dem Mittagessen, wenn er seine Ruhe haben wollte, begann sie damit, immer von neuem.
Gern hätte er ihrem Wunsch entsprochen, aber so oft er auch in der Ratsversammlung davon anfing, fielen alle über ihn her und sagten, die Gemeinde könne keinen Beitrag zur Errichtung einer Suppenküche leisten, weil bereits eine Kirche gebaut werde. Die armen Kinder würden es wohl auch weiterhin ohne Suppe aushalten.
Da begann er von Menschlichkeit zu reden, doch der Fleischermeister Smrčka erhob sich und sagte nur mit breitem Lächeln: »Karlíček, uns machst du nichts vor, wir kennen dich.«
Und sie kannten ihn wirklich gut und wußten, daß bei ihm Menschlichkeit Nebensache, Geld aber die Hauptsache war.
Als er einmal einen Mieter auf die Straße setzen ließ, erzählte er davon beim Frühschoppen: »Das hättet ihr sehen sollen, wie das Gerümpel auf die Straße flog! Ich schaute vom Fenster aus zu, und da drohte mir doch dieses Weibsbild:

›Gott wird Ihnen das noch heimzahlen!‹ Kaum hatte sie das gesagt, ging ein Platzregen nieder, es prasselte nur so auf ihre Federbetten, und nun tat sie keinen Muckser mehr. Mit solchem Volk muß man umzugehen wissen!«
Da man ihn also kannte, war es für ihn sinnlos, sein Gehirn mit Gedanken über Menschlichkeit zu strapazieren. Aber als ihn seine Frau eines Tages wieder quälte, entschloß er sich, der Sache ein Ende zu machen. In der nächsten Ratssitzung kam er wieder auf die Suppenküche zu sprechen. Als er überall nur ironisches Lächeln sah und die stichelnde Bemerkung hörte: »Er hat doch nie ein gutes Herz!«, wurde er wütend und rief: »Dann errichte ich die Suppenküche eben allein!«
Und dieses Wort hielt er auch. Seine Frau unterschrieb einen Aufruf, in dem um Spenden zur Errichtung einer Suppenküche für arme Kinder gebeten wurde. Es gingen viele Spenden ein; plötzlich wollte keiner zurückstehen, denn auf den Plakaten hieß es, die Namen der Spender und die Höhe der Beiträge würden im Stadtblatt veröffentlicht.
Die wichtigste Frage, die es noch zu lösen galt, war: Wo sollte die Suppenküche errichtet werden?
Schließlich bestimmte Herr Stadtrat Kůrka dafür die große Waschküche in seinem Haus. Er ließ sie frisch tünchen. Im Waschkessel sollte die Suppe für die armen Kinder gekocht werden.
So ging denn der Herzenswunsch der Frau Rat endlich in Erfüllung. Sie hatte ihr schwarzes Kleid an, trug eine weiße Spitzenschürze und ließ sich in der Küche fotografieren.
Auch ihre Freundinnen kamen und kosteten die Suppe. Sogar der Herr Kreisrat stellte sich ein. Er kostete erst einen Löffel, nahm dann mehr und schnalzte mit der Zunge.
Zwanzig Kinder saßen an einem langen Tisch und warteten auf das Zeichen zum Beginnen des Essens. Aber darauf mußten sie lange warten, und es war recht peinlich, weil Herr Kůrka wiederum von Menschlichkeit zu reden begann und man merkte, daß es ihm nicht vom Herzen kam. Wütend schaute er dabei die Kinder an, denn er hatte auf der Treppe einen Schmutzfleck entdeckt.
An der Tür standen zwei Lorbeerbäume in großen Blumen-

töpfen. Herr Kůrka spuckte unauffällig hinein und wartete gespannt, was der Herr Kreisrat wohl sagen würde.
Der nahm noch einen Löffel und war bewegt. Er wandte sich den Kindern zu und sprach zu ihnen vom Vaterland und von Gott, was in keinem erkennbaren Zusammenhang mit der Kartoffelsuppe stand.
Als die Gäste ein Glas billigsten künstlichen Champagners geleert hatten, gingen sie fort, wobei sie ein Gesicht machten, als wären sie bei einem Begräbnis gewesen.
Nun durften die Kinder essen, wobei sie von einem alten Dienstmädchen beaufsichtigt wurden, denn die Frau Rat war bereits wieder in ihre Wohnung gegangen.
Das Dienstmädchen sagte zu den Kindern: »Ob ihr Bankerte so etwas verdient? Wenn ihr auch nur einen Tropfen verschüttet, gebe ich euch eins hinter die Ohren. Es wäre wirklich besser gewesen, man hätte euch gleich nach der Geburt ersäuft wie junge Katzen, da wäret ihr wenigstens den Leuten nicht zur Last gefallen.«
Sie hatte eine fürchterliche Wut auf diese blassen Kinder, die mit ihren Löffeln auf den Blechtellern klapperten und sich gierig den Mund mit Brot vollstopften, und brummte: »So viele Teller muß ich nun zusätzlich waschen!«
So ging es eine Woche lang. Wenn die Damen der vornehmen Gesellschaft nichts anderes zu tun hatten, kamen sie in die Suppenküche, um die kleinen Kostgänger zu sehen, die sich nicht rühren, sondern nur stumpfsinnig auf die Teller schauen durften.
Eine neue Einrichtung dieses Wohltätigkeitsinstitutes war eine Rute, die im Winkel stand. Wenn die Kinder gegessen hatten, wurde gebetet, und dabei weinten immer einige, weil sie von der alten Magd mit der Rute geschlagen worden waren. Sie mußten ihr die Hand küssen, worauf sie sich viel zugute tat.
Nach vierzehn Tagen aber kursierten in der Stadt Gerüchte, bei den Kůrkas werde gestohlen. Neue Vorhänge seien aus den Spenden für die Suppenküche angeschafft worden. Die Damen der Gesellschaft, die das ausgekundschaftet hatten, sagten, die Suppe sei jetzt das reinste Wasser.
»Das ist ja gut!« hieß es in der Stadt. »Daher also die

Menschenfreundlichkeit! Und das Ergebnis: neue Vorhänge!«
Die Opposition behauptete sogar steif und fest, die Kůrkas säßen am Futtertrog.
Eines Mittags kehrte Rat Kůrka vom Frühschoppen nach Hause zurück. Er befand sich in einem Zustand, aus dem man schließen konnte, daß etwas Ernstes eingetreten war. Man hatte ihm heute in der Weinstube ins Gesicht gesagt: »Umsonst füttert ihr die Kinder nicht.«
Wie ein wütender Bär stürzte Rat Kůrka in die Waschküche, ergriff das zunächst sitzende Kind, zog es von der Bank weg, trug es hinaus und stellte es auf den Bürgersteig. Dann kehrte er zurück, um die übrigen zu holen. Zehn Minuten lang quälte er sich mit den weinenden Kindern, bis er sie alle unter dem Gejohle einer gaffenden Menge auf die Straße gesetzt hatte. Dann rief er dem Herrn Apotheker von der Opposition zu, der sich der Menschenansammlung angeschlossen hatte: »Jetzt könnt i h r sie füttern!«
Er lief in die Wohnung, wo seine Frau weinte. Auf der Treppe begegnete er dem Briefträger, der ihm die Illustrierte Zeitung brachte. Wütend faltete er sie auf und erblickte auf der ersten Seite die Fotografie seiner Frau mit dem Text: »Die bekannte tschechische Menschenfreundin, Frau Anna Kůrková, kocht Suppe für arme Kinder.«
Da seufzte er, ging zu der Kasse, in der sich die Spenden für die Suppenküche befanden, brach sie auf, steckte das Geld in die Tasche und fuhr, um seinen Kummer zu ertränken, zu einem Bummel nach Prag.

11. Lektion Die Herren Abgeordneten

Protokoll des II. Parteitages der »Partei für gemäßigten Fortschritt in den Schranken des Gesetzes«

Vorbemerkung

Wenn wir heute das Protokoll des II. Parteitages der »Partei für gemäßigten Fortschritt in den Schranken des Gesetzes« veröffentlichen, können wir nicht umhin, des ersten Parteitages zu gedenken, der im Jahre 1913, also ein Jahr vor Kriegsausbruch, in dem kleinen Restaurant »Na Smetance« in Prag-Žižkov stattfand. Damals hatten sich nur verhältnismäßig wenige Parteimitglieder eingefunden; den größten Teil der Zuhörerschaft bildeten Polizeiorgane. Der Vorsitzende des Parteitages setzte sich versehentlich auf die Mütze des Herrn Polizeikommissars, was Anlaß zur Auflösung des Parteitages und zu einer langjährigen Verfolgung der Partei war.

Der II. Parteitag fand dagegen unter gewaltiger Beteiligung im großen Saal der Restauration »Jugoslawien« in Prag-Žižkov statt. Den wichtigsten Programmpunkt bildete diesmal die Diskussion über die internationale Politik, verbunden mit einem Schlachtfest in bescheidenen Ausmaßen, denn die Partei verfügt nicht über die guten Einrichtungen des Parlamentsrestaurants.

Das Protokoll des Parteitages wurde nach dem Stenogramm zusammengestellt. Sollte etwas ausgelassen sein, mögen es sich die geschätzten Leser selber hinzudenken.

Stenographische Aufzeichnungen vom II. Parteitag der »Partei für gemäßigten Fortschritt in den Schranken des Gesetzes«

Der Parteitag wurde pünktlich um 8 Uhr abends in Anwesenheit von 300 Personen eröffnet. Als Gäste hatten sich eingefunden: Vertreter aller politischen Parteien, Redakteure aller Prager Zeitungen, die Attachés der Französischen und der Britischen Botschaft, Delegierte der amerikanischen Tschechen aus Baltimore, Beamte des Handelsministeriums und des Verteidigungsministeriums, Mitglieder der Künstlerorganisationen sowie Beauftragte der Staatspolizei.
Leider ereignete sich kurz vor Beginn des Parteitages ein störender Zwischenfall, verursacht durch einen sinnlos betrunkenen Agenten und Provokateur, der entsandt worden war, den Parteitag zu sprengen.

Der Hinauswurf des Provokateurs

erfolgte unmittelbar vor der Eröffnung des Parteitages. Die Veranstalter packten den Agenten am Kragen und setzten ihn unter nicht enden wollenden Ovationen und dem Beifall der Delegierten auf die Straße, ohne sich auch nur im geringsten um die Beteuerungen des Provokateurs zu kümmern, der immer wieder aus vollem Halse schrie: »Ich bin Delegierter des Stadtbezirks Weinberge!«

Die Eröffnung des Parteitages

Der Vorsitzende des Exekutivkomitees der Partei eröffnete den Parteitag und verlas zunächst ein herzlich gehaltenes Begrüßungstelegramm des Prager Nuntius. Darin wurde die Verfolgung der päpstlichen Nuntien in der Hussitenzeit erwähnt und ihr der freundliche Empfang des päpstlichen Nuntius in der Tschechoslowakischen Republik gegenübergestellt, was ein deutliches Zeichen des Fortschritts sei. »Der Fortschritt, geschätzte Herren«, hieß es in dem Begrüßungstelegramm weiter, »kann einzig und allein auf dem Wege der friedlichen Entwicklung erfolgen, auf dem Wege des Glaubens an den Sieg der katholischen Kirche, auf dem Wege der Rückgabe des Schlosses Konopischt an die armen Waisen des Herrn Erzherzogs Ferdinand. Der Papst sendet euch seinen apostolischen Segen! Über den Weißen Berg, über die Revolution nach Rom – das ist die Marschrichtung jedes treuen Staatsbürgers! Halleluja, meine geliebten Brüder!«

Nach Verlesung des Telegramms würdigte der Vorsitzende des Exekutivkomitees in kurzen Worten die Bedeutung des Kirchenstaates für die Notierung der tschechoslowakischen Krone an der Effektenbörse und bat dann die Anwesenden, sich zu erheben und in den Ruf »Halleluja« einzustimmen.

Die Delegierten erhoben sich von ihren Plätzen, riefen, strahlend vor Freude, dreimal »Halleluja« und brachten sodann ein Hoch auf den Papst aus.

Hierauf schritt der Vorsitzende des Exekutivkomitees nach kurzer Erwähnung der Verfolgung, der die Partei ausgesetzt war, zur Wahl des Präsidenten. Leider blieben die gewählten Ehren- und Nichtehrenvorsitzenden, da sie Verfolgung sowie Bekanntwerden in der Öffentlichkeit fürchteten, auf ihren Plätzen und wagten sich nicht ins Präsidium, außer dem Ersten Vorsitzenden, der den Parteimitgliedern bereits vom I. Parteitag her bekannt war.

Auf der Tribüne saßen somit nur der Schriftführer, der Vorsitzende des Exekutivkomitees und der Parteivorsitzende, der die Verhandlungen des Parteitages als geheim erklärte. Dann ergriff er das Wort zu seiner Rede.

»Auf daß endlich Klarheit herrsche!«

Er führte aus:

Meine Herren! Wenn wir Zeitung lesen, werden wir davon ganz blöd. (Zuruf: Ausgezeichnet!) Wir kennen uns heute überhaupt nicht mehr aus. (Lang anhaltender Beifall.) Wir wissen wirklich nicht mehr, was mit uns geschieht. (Ausgezeichnet!) Aber wir sind der Sache auf den Grund gegangen!! Was ich vorhin erwähnt habe, betrifft natürlich nicht uns, jedoch alle anderen Parteien! (Fünf Minuten anhaltende Ovationen.) Meine Herren! Ich frage Sie: Wohin führt die Politik dieser Parteien? Was verstehen ihre Führer von der internationalen Politik? Haben sie überhaupt eine Orientierung? (Zurufe: Pfui!) Deshalb erteile ich, auf das endlich Klarheit herrsche, das Wort dem Vorsitzenden des Exekutivkomitees der Partei, der nun über die internationale Lage sprechen wird.

Rede des Vorsitzenden des Exekutivkomitees über die internationale Lage

Meine Herren! Ich ergreife das Wort in einem Augenblick, in dem wieder schwere Wolken über ganz Europa, Asien, Amerika, Afrika und Australien hängen; in einem Augenblick, in dem die Bewohner dieser nahen und fernen Länder darauf warten, daß die Sonne endlich die Wolken vom Firmament unserer internationalen Situation vertreibt. Wenn der geschätzte Herr Vorredner die Zeitungskommentare und die Parlamentsreden über die internationale Lage erwähnte und die Frage stellte, welche Richtung die Außenpolitik unserer Republik einschlagen solle, so kann ich von dieser Stelle aus nur so viel erklären: Das ist keine ganz einfache Sache, es kommt vielmehr darauf an, daß wir nicht nur die internationalen Verhältnisse zwischen den Staatsgruppen richtig einschätzen, sondern daß wir, und das vor allem, die einzelnen Komponenten erkennen, auf denen die Geheimdiplomatie aufbaut und von denen aus sie jene Konsequenzen zieht, die sich aus der internationalen Lage ergeben.
Hier sei es mir gestattet, einige Worte zur Verteidigung des geschätzten Herrn Dr. Kramář zu sagen. An seiner Ehrenhaftigkeit kann kein Zweifel bestehen, denn er erklärte sehr oft, die Kuh habe vier Beine und stolpere dennoch. Wenn er sich manchmal irrt und eine Dummheit sagt, versteckt er sich nicht hinter einer anderen Firma, und schreibt er einen Blödsinn, so unterzeichnet er ihn auch persönlich, ebenso wie ich es jederzeit tun würde. (Nicht enden wollende Rufe: Ausgezeichnet! Ovationen: Es lebe Dr. Kramář!) Seine Argumente sind durchdacht und weniger verworren als die des Herrn Dr. Beneš. Meine Herren! Die Welt ist heute in zwei Lager gespalten; auf der einen Seite stehen die Bolschewisten,

auf der anderen Dr. Kramář. Im Frühling wird er von der Redaktionstribüne der »Národní listy« aus einen Feldzug gegen die Bolschewisten starten und gemeinsam mit dem Armeeinspektor Machar Moskau bombardieren.
Meine Herren! Es wird sehr viel vom Frühling gesprochen, aber ich proklamiere von dieser Stelle aus feierlich:

Im Frühjahr findet die Matthäi-Kirchweih statt

Ich könnte mich nun noch über unser Verhältnis zu Frankreich, England und Amerika auslassen, aber ich will davon absehen, und zwar aus dem Grunde, weil das so klar und einfach ist und weil es mir am besten erscheint, diese Angelegenheit Herrn Dr. Beneš zu überlassen, der sich von Amts wegen darum zu kümmern hat. (Zurufe: Ausgezeichnet!) Ich bin davon überzeugt, daß es nicht mehr nötig ist, weiter über so klare Begriffe zu sprechen, die jedoch für viele Politiker spanische Dörfer zu sein scheinen, und deshalb bitte ich um einstimmige Annahme der folgenden

Resolution:

Die Partei für gemäßigten Fortschritt in den Schranken des Gesetzes erklärt im Hinblick auf die internationale Lage: Die Weltsituation ist derart ausweglos, daß eine allgemeine Wirtschaftskatastrophe nur dann verhindert werden kann, wenn man die Erdkugel in die Luft sprengt. (Lang anhaltende Rufe: Ausgezeichnet!)

Die Resolution wurde einstimmig angenommen. Hierauf erfolgte die Wahl einer Redaktionskommission, die während der Verhandlungspause ein Inserat für die Zeitung »Národní politika« entwarf. Dieses hatte folgenden Wortlaut:

Kaufe jede Menge Ekrasit und Dynamit. Ebenso alle anderen Explosivstoffe. Angebote an die Adresse Kostrakiewitsch, Prag-Žižkov, Palackýstraße, Restaurant »Jugoslawien«.

Nach der Verhandlungspause betrat Herr Kostrakiewitsch, Inhaber des Restaurants »Jugoslawien«, die Rednertribüne und erklärte, er müsse den Strick nehmen, denn er habe vier

Schweine geschlachtet, 2 000 Leberwürste und 1 500 Blutwürste sowie zwei Hektoliter Wurstbrühe vorbereitet, weil ihm der Vorsitzende des Exekutivkomitees der Partei gesagt habe, zum heutigen Parteitag würden über tausend Menschen kommen und es fänden auch Wahlen statt, weshalb er auch noch einige Hektoliter Rum bereitgestellt habe. Er bitte die Versammlung, ihn nicht zu ruinieren und einen wohlwollenden Standpunkt gegenüber den Gewerbetreibenden einzunehmen. (Stürmische Zurufe: Pfui! Zurufe aus einer Gruppe der Delegierten: Wie man sich bettet, so ruht man!)

Allgemeine Erregung löste das Erscheinen eines Kontrolleurs vom Referat »Vergnügungssteuer« aus, der feststellte, es sei ein Unterschleif vorgekommen, denn einige Delegierte hätten keine Lustbarkeitssteuer bezahlt; schließlich erklärte er, er lasse deshalb den Parteitag durch die Polizei auflösen.

Es entstand ein unbeschreiblicher Tumult. Doch nachdem der Parteivorsitzende erklärt hatte:

»Ruhe, Ordnung und gemäßigter Fortschritt sind die besten Waffen gegen Polizeiknüppel«,

löste sich der Parteitag in völliger Ruhe auf.

Der nächste geheime Parteitag wird durch Inserate in den Zeitungen »Národní politika« und »Národní listy« bekanntgegeben, und zwar in der Rubrik »Wohin heute?«

Die Wahlaktion des Zigeuners Schawanju

Hatte der Zigeuner Schawanju eine politische Überzeugung? Keineswegs. Ihm war es einerlei, ob im neuen Parlamentsgebäude in Budapest diese oder jene Partei tonangebend war. Mochten in den Zeitungen auch noch so ernste politische Probleme behandelt werden, der Zigeuner Schawanju blickte mit stets gleicher Melancholie auf die weiten Ebenen, die man von seiner Behausung aus so schön übersehen konnte, denn seine Hütte stand am Ortsrand von Boroshéz.

Waren die Parolen, die auf dem Boden der Politik geprägt wurden, auch noch so schön, den alten Schawanju vermochten sie nicht zu erregen. Wenn aber in der nahen Stadt

Volksversammlungen durchgeführt wurden, hatte Schawanju sein stilles Vergnügen daran, die Scharen der Bauern zu betrachten, die in ihren langen Schafpelzen und den weiten, mit Franzen versehenen Hosen in die Stadt zogen, um die Rede des wohledlen Herrn Káposfalfi zu hören, der dreimal im Jahr zu den Wählern seines Kreises sprach.

Bei solchen Gelegenheiten ließ sich im Dorf manches finden, was die Familie Schawanju gut gebrauchen konnte. Das Dorf war menschenleer. So ist es nicht verwunderlich, daß Schawanju die rednerischen Ambitionen des wohledlen Herrn Káposfalfi gewöhnlich absitzen mußte.

Außer der absoluten Unabhängigkeit des politischen Denkens besaß der Zigeuner Schawanju noch eine Eigenschaft: er spielte Geige. Wie viele Artikel wurden schon über die Zigeunermusik geschrieben! Aber Schawanju war auch in dieser Hinsicht völlig unabhängig. Meist hören die Bauern, wenn die Zigeuner spielen, ruhig zu, ohne sich zu rühren, an anderen Orten wieder tanzen sie, aber wenn Schawanju spielte, mußten die Bauern trinken, während Schawanju selbst – zum Unterschied von seinen Zigeunerkollegen –, solange er spielte, nie trank und auch nicht einschlief. Er spielte, die Bauern bestellten einen neuen Krug Wein, er gab immer wieder ein Stück zu, eines lustiger als das andere, und steigerte die Fröhlichkeit. Spät in der Nacht, wenn es den Bauern schon gleichgültig war, auf welcher Saite Schawanju den Bogen setzte, stand der Dorfrichter auf, klatschte in die Hände, rief: »Sehr schön!«, warf Schawanju Geld zu, und der spielte und spielte. Zu einer solchen Stunde hätten die Bauern allesamt Schawanju zum Dorfrichter gewählt, wenn der wie besessen klatschende Richter infolge heftiger seelischer Erregung vom Schlag getroffen worden wäre.

Da wurden Wahlen ausgeschrieben. Der wohledle Herr Káposfalfi, der zehn Jahre hindurch Abgeordneter war, ohne sich das Mißfallen seiner Wähler zugezogen zu haben, ließ in letzter Zeit den Kopf hängen, so oft die Rede auf die Wahl kam, denn diesmal war ein Gegenkandidat aufgestellt worden.

Káposfalfi konnte nicht mehr schlafen. Wenn sein Gegenkandidat wenigstens ein Adeliger gewesen wäre, so wie er, der sein Adelswappen bis ins 15. Jahrhundert zurückverfolgen konnte! Dieses Wappen hatte er in seinem Arbeitszimmer hängen, ein wahrhaft künstlerisch ausgeführtes Wappen: ein schöner, ausdrucksvoller Eselskopf und ein im Winkel von 45 Grad gebogener Schwertarm. Sein Gegenspieler führte weder den Titel eines wohledlen Herrn, noch hatte er zu Hause in seinem Arbeitszimmer ein Wappen hängen, ja er besaß nicht einmal ein Arbeitszimmer, denn er war ein ganz gewöhnlicher Bauer, zwar reich, aber eben doch nur ein Bauer. Sein einziger Titel war »Herr Richter«, denn so sprachen ihn die Bauern an. Es war der gleiche, der Schawanju immer sein »Sehr schön!« zurief. Er hieß Feres und führte also nicht am Ende seines Namens ein »i«, jenen Buchstaben, der die 5 000 ungarischen Adeligen kenntlich macht.
Feres hatte einen einzigen Sohn, der in Budapest Jura studierte. Dieser Mann setzte es sich in den Kopf, sein Vater müsse Abgeordneter werden. Als er nämlich die erste Staatsprüfung ablegte, meinte er, die zweite würde er mit weniger Schwierigkeiten schaffen, wenn im Kandidatenverzeichnis stehen würde: »János Feres, Sohn des Abgeordneten Feres.«
So kam es, daß der Richter von Boroshéz, Feres, der bisher dreimal im Jahr mit großer Begeisterung den Worten des wohledlen Káposfalfi gelauscht hatte, in der letzten Versammlung dem Redner zurief: »Und was ist mit uns? Wir sind wohl nichts?« Feres hatte das etwas durcheinander gebracht. Sein Sohn hatte ihm gesagt, er solle bei der Rede des wohledlen Herrn Káposfalfi seine oppositionelle Einstellung zum Ausdruck bringen, aber unglückseligerweise sprach der wohledle Herr eben von der Wichtigkeit der Organisierung der Viehmast, und da rief zur allgemeinen Verwunderung Feres die erwähnten Worte: »Und was ist mit uns, wir sind wohl nichts?«

Am nächsten Tag lud der wohledle Herr Káposfalfi den Zigeuner Schawanju auf sein Schloß ein, das heißt, eigent-

lich lud er ihn nicht ein, sondern er ließ ihn durch den Gemeindepolizisten vorführen.
Der wohledle Herr saß gerade in seinem Arbeitszimmer, als Schawanju gebracht wurde. »Lieber Freund«, sagte er zu Schawanju, der mit schlotternden Knien vor ihm stand, »ich nehme an, daß das rücksichtslose Vorgehen des Herrn Feres, der bei der Wahl als Gegenkandidat auftreten will, deine politische Gesinnung tief verletzt. Ich bin nun seit zehn Jahren euer Abgeordneter, und ihr wißt alle, daß ich für euch nicht umsonst gearbeitet habe.«
Der Zigeuner Schawanju verstand von der Ansprache des wohledlen Herrn kaum jedes zehnte Wort, doch nickte er eifrig und äußerte nach jedem Satz: »Ei, schaut einmal her, nein, so etwas!« Schließlich besann er sich und sagte: »Hochmögender und wohledler Herr, ich bin nur ein romano tschaneja (ein armer Zigeuner). Bei Gott, hochmögender Herr, ich stehle nicht, ich nehme nichts, damneha sowelam (wohne in einem Hause), nur vor Jahren praschta sidschubena (geschah das Unglück).«
Diesmal war es der wohledle Herr, der nichts verstand, weil Schawanju so viele Zigeunerworte in seine Rede gemengt hatte. Doch auch er wollte sich nichts anmerken lassen und sagte mehrmals: »So ist es« und dann, um die Unterredung zu beenden: »Ich weiß, daß du ein braver Mensch bist. Wie ich gehört habe, kannst du wunderbar Geige spielen; bei deinem Spiel möchten die Bauern ewig sitzen, und sie würden dir nichts abschlagen, wenn du sie um etwas angehst. Ich bitte dich, ich bitte Sie, lieber Freund, gehen Sie in die Gasthäuser, spielen Sie den Bauern auf und rufen Sie dann: ›Es lebe unser Abgeordneter, der wohledle Herr Káposfalfi!‹ Ich werde Dich dafür reich belohnen. Du brauchst nur zu spielen und tüchtig zu schreien!«
»Na, Schawanju, was hat denn der wohledle Herr Káposfalfi von dir gewollt?« fragte noch am gleichen Abend der Richter Feres, der seinen Abendspaziergang absichtlich zu den Zigeunerhütten ausgedehnt hatte.
»Gnädiger Herr Richter, ich soll in den Gasthäusern ein Hoch auf den wohledlen Herrn Káposfalfi ausbringen«,

bekannte Schawanju, dem es nicht das geringste ausmachte, daß er mit dem Gegenkandidaten des wohledlen Herrn sprach.
Zu Hause erzählte Feres seinem Sohn, was er von Schawanju gehört hatte.
»Mach dir nichts daraus und tu nur, was ich dir sage; mir wird schon etwas einfallen«, erwiderte der angehende Jurist. »Morgen rede ich selbst mit dem Zigeuner!«
»Schawanju, ich habe gehört, du sollst ein Hoch auf den wohledlen Herrn Káposfalfi ausbringen. Das ist gut, schrei nur recht laut!« sagte er am nächsten Tag zu dem Zigeuner. »Wieviel Kinder hast du eigentlich?«
»Zwölf«, erwiderte Schawanju.
»Gut«, fuhr der Sohn des Richters fort. »Diese zwölf Kinder borgst du uns für Sonntag. Für jedes Kind bekommst du fünfzig Kreuzer.«
Dieses unerwartete Glück und die Aussicht auf Geld überwältigten den Zigeuner für einen Augenblick, aber gleich darauf fing er sich wieder und begann zu feilschen: Fünfzig Kreuzer seien doch zu wenig, er verlangte wenigstens sechzig Kreuzer je Kind.
»Gut, du sollst also sechzig Kreuzer haben«, stimmte der junge Herr zu. »Aber schrei ordentlich, das sage ich dir!«

Es war Sonntag. Am Morgen verließen alle zwölf Kinder Schawanjus den Hof des Dorfrichters Feres. Sie waren fast nur so bekleidet, wie sie der Herrgott geschaffen hatte. Voran ging der Älteste, ein dreizehnjähriger Junge. Er hatte das längste Hemd an und trug eine große grüne Fahne, auf der zu lesen war: »Es lebe der wohledle Herr Káposfalfi, der seit zehn Jahren unser Abgeordneter ist!«
Auf dem Gut hatten sie gründliche Instruktionen erhalten, denn als sie die Stadt erreichten, gerade, als die meisten Menschen aus der Kirche kamen, zog dieser schmutzstarrende Trupp mit der Fahne durch die belebtesten Gassen und schrie aus Leibeskräften: »Es lebe unser Abgeordneter, der wohledle Herr Káposfalfi! Es lebe unser edler Vater!«
Der wohledle Herr verzichtete auf seine Kandidatur.

Die Wahl des Gemeindepolizisten

Sitzung der Gemeindevertretung von Mejdlovary

In unserer Gemeinde hatten wir uns alle sehr auf diese Sitzung gefreut, denn es sollte entschieden werden, wer das Amt des Gemeindepolizisten bekommt. Insgesamt waren über 500 Gesuche eingegangen. Wollte ich es so ausdrücken wie unsere Gelehrten, müßte ich sagen: etwa rund 531 Gesuche.

Von den Antragstellern waren fast die Hälfte absolvierte Juristen, gegen 100 Gesuche stammten von Absolventen der Philosophischen Fakultät, und 49 Anträge hatten Abiturienten verschiedener Lehrerbildungsanstalten eingereicht, die bereits mehr als ein Jahr ohne Anstellung waren. Der Rest entfiel auf Absolventen von Handelsakademien – und schließlich gab es drei Gesuche aus den Kreisen, die dem Herrn Bürgermeister besonders nahe standen, denn es waren Einwohner der Gemeinde: der Gemeindehirt Kačírek, der Häusler Kořenář und der Kirchendiener Podloch. (Der hatte sich mit dem Herrn Pfarrer zerstritten, weil ihm dieser beim Begräbnis der alten Ausgedingerin Švejcová nichts gezahlt und ihn noch am gleichen Tage beim Schafkopf um fünf Gulden erleichtert hatte.) Die vorgeschriebene Anzahl von drei Kandidaten hatten wir also zusammen, und es ging um die Entscheidung.

Die übrigen Gesuche verkauften wir dem Kaufmann Kraus als Altpapier. Er gab uns dafür fünf Flaschen Wein, und seither packt er in diese Gesuche, die gewöhnlich mit den Worten schließen: »Ich verspreche, daß ich durch mein Verhalten das in mich gesetzte Vertrauen rechtfertigen werde«, den stinkenden Käse ein, den unsere Leute kaufen, wenn sie ins Gasthaus gehen. (Weil er so viel Paprika enthält, daß das Bier schmeckt. Und wie es schmeckt! Wir haben nämlich ein sehr gutes Bier, das besonders dann schmeckt, wenn man eine ordentliche Unterlage hat. Trinkt einer davon zehn oder elf Glas, wie spricht er dann über die Politik! Es ist eine Wonne, seinen Worten zu lauschen. Kaum hat man es sich versehen, bekommt man auch schon eine geknallt, denn in der Gemeinde sind wir durchaus nicht alle der gleichen

Meinung Aber es kommt nicht nur darauf an, wie man von der hohen Politik spricht, wir reden hier auch über Gemeindeangelegenheiten; schließlich ist unser Bürgermeister der Inhaber des Gasthauses!)

In diesem Gasthaus trafen wir uns also wie gewöhnlich zur Sitzung der Gemeindevertretung. Hier finden auch alle öffentlichen Gemeindeversammlungen statt.
Korruption gibt es bei uns nicht. Jeder von den dreien hatte vorher schon ein Fäßchen Bier gestiftet. Zuerst tat es Kačírek. Als das bekannt wurde, dachten wir gleich daran, i h n zum Gemeindepolizisten zu machen. Aber dann gab auch Kořenář Geld und gleich nach ihm der Kirchendiener Podloch. Wir wußten also wieder nicht, woran wir waren. Die Stiftung hatte uns zwar alle angenehm überrascht, aber es war eine verzwickte Situation, denn jeder von den dreien hatte den gleichen Betrag für Bier ausgegeben, und jeder hatte auch vorher uns Gemeinderäte aufgesucht, und wir hatten jedem die Stelle versprochen.
Nun schlachtete der Kirchendiener Podloch ein Schwein und veranstaltete ein Schlachtfest. Gleichzeitig aber schlachteten auch die beiden anderen Antragsteller, Kačírek und Kořenář, je ein Schwein. Es war zwar sehr erfreulich, daß uns drei Schweine zum Genuß – und zu einem welch herrlichen Genuß! – zur Verfügung gestellt wurden, aber trotzdem hatten wir keine Stellen für drei Gemeindepolizisten, sondern nur für einen.
Von Korruption konnte also absolut nicht die Rede sein.
Wir waren alle gespannt, wie es ausgehen würde. Keiner der drei Antragsteller hatte irgendwelche besonderen Vorzüge aufzuweisen, und deshalb war ein stürmischer Verlauf der Gemeindevertretersitzung, in der diese Wahl erfolgen sollte, zu erwarten.

Den ganzen Tag hatten wir Mitglieder der Gemeindevertretung gefastet, um besseren Appetit für das Festessen zu haben, denn der Duft der drei gebratenen Schweine durchzog das ganze Dorf.
Der Bürgermeister befand sich in einer Zwickmühle. Er suchte

ein Mitglied der Gemeindevertretung nach dem andern auf und sagte: »Meiner Seel, so kann es nicht weitergehen! Diese Sache macht mich noch verrückt. Wenn nur einer der Antragsteller ein Lump wäre, könnten wir ihn von der Kandidatur ausschließen, und wenn dann nur noch zwei zur Wahl stünden, würde sich schon zeigen, daß einer von den beiden ein Nichtsnutz ist. Nun sind aber alle drei gleich große Lumpen, und das Traurige an der Sache ist, daß wir keinem von ihnen etwas vorwerfen können. Jeder von den dreien hat ein Schwein geschlachtet und ein Fäßchen Bier gestiftet. Sie sind alle drei gleich große Gauner, aber uns können sie nicht bestechen.«

Nun befand sich unter uns einer mit Namen Machlíček. Er war zwar ein ordentlicher Bürger wie wir alle, aber auf unseren Bürgermeister war er nicht gut zu sprechen; wo er konnte, bereitete er ihm Ungelegenheiten. So erstattete er beispielsweise einmal gegen ihn Anzeige und behauptete in aller Öffentlichkeit, der Bürgermeister habe auf seinem Feld gewildert. Um ein Haar wäre es zur Gerichtsverhandlung gekommen; erst als der Bürgermeister in seinem Gasthaus Machlíček, der bei ihm hoch in der Kreide stand, die ganze Schuld erließ, konnte die Angelegenheit friedlich beigelegt werden; allerdings mußte der Bürgermeister außerdem noch vor Zeugen versprechen, von Machlíček eine ganze Woche lang nicht die Bezahlung seiner Zeche zu fordern. Und das hatte Machlíček weidlich ausgenützt, so daß seit der Zeit zwischen ihm und unserem Bürgermeister unversöhnliche Feindschaft herrschte. Auch jetzt gab Machlíček unverhüllt zu verstehen, er werde bei der Sitzung der Gemeindevertretung, bei der die Wahl des Gemeindepolizisten zur Debatte steht, dem Bürgermeister übel zusetzen.

So kam es schließlich zu jener denkwürdigen Sitzung, bei der die ganze Frage endgültig behandelt werden sollte. Machlíček war gewappnet, der Bürgermeister auch.

Wir trafen uns im Sitzungssaal, das heißt, wie schon oben erwähnt, im Gasthaus des Bürgermeisters. Außer uns saßen dort noch einige Dorfbewohner. Ihnen wurde kurz und bündig bedeutet, sie hätten zwar ebenfalls Anteil an dem allgemeinen Festschmaus, müßten aber in die Küche gehen,

denn in der Gaststube werde jetzt über die Wahl des Gemeindepolizisten beraten und einer von den drei Kandidaten gewählt.
So begann es also. Zuerst kam die Wurstbrühe auf den Tisch, dann Leber- und Blutwürste mit Sauerkohl und Kartoffeln (die hatte der Bürgermeister zur Verfügung gestellt), hierauf Wellfleisch (das waren die drei Schweinsköpfe), hernach Preßwurst und Sülze aus den fetten Teilen und schließlich Schweinebraten mit Knödeln (wiederum von unserem Bürgermeister gestiftet).
Als wir sodann das erste Fäßchen Bier geleert hatten, begann die Aussprache über den Vorschlag, von den drei zur Auswahl stehenden Antragstellern um den Posten des Gemeindepolizisten den Fähigsten zu bestimmen.
Als erster ergriff der Bürgermeister das Wort. Er erklärte, es sei sehr bedauerlich, daß von den drei Antragstellern einer achtzehn wert sei, der zweite und der dritte aber zwanzig weniger zwei. Es tue ihm sehr leid, daß gerade solche Gauner, wie es alle drei Antragsteller seien, Hüter der öffentlichen Ordnung sein wollten, die Gemeindevertretung könne sich aber nicht anders helfen, sie müsse von den drei Lumpen einen wählen. Die Namen der drei bekannten Spitzbuben seien: Kořenář, Kačírek und Podloch; sie sollten wenigstens aufstehen, wenn von ihnen die Rede sei!
Nach ihm sprach Machlíček. Er müsse sich doch sehr wundern, sagte er in seiner Rede, daß der Bürgermeister die Sache nicht vom anderen Ende angefaßt habe. Der Gemeindepolizist müsse in erster Linie Sinn für Recht und Gerechtigkeit haben und dürfe nicht dulden, daß ihm jemand zu nahe trete. Wer einen Schimpf auf sich sitzen ließe, wäre ein schöner Gemeindepolizist. Dann wandte er sich den drei Antragstellern zu und rief demagogisch: »Männer, ihr müßt eines wissen: Natürlich ist es nicht leicht, die Stelle zu bekommen, die ihr haben wollt; wer sie aber bekommen will, muß entschlossen sein, jedem, der ihn beleidigt, und wäre es auch der Bürgermeister persönlich, zu zeigen, daß er sich nicht fürchtet, denn der Gemeindepolizist steht ja unter Eid. Hier wird von euch behauptet, ihr wäret Lumpen. Zeigt, daß wenigstens einer von euch unparteiisch ist und daß es ihm

nicht um die Person, sondern nur um Recht und Gerechtigkeit geht. Kačírek, gib dem Bürgermeister eine Ohrfeige!«
In der Gaststube war es unheimlich ruhig. Alle Augen hingen an Kačírek, der sitzen blieb und dumm grinste.
Da rief Machlíček in die eingetretene Stille: »Podloch! Gib du dem Bürgermeister eine Ohrfeige, respektiere die Mehrheit!«
Wiederum nichts. Podloch saß neben Kačírek und grinste noch dümmer.
Und Machlíček rief: »Kořenář, gib du dem Bürgermeister eine Ohrfeige! Sei ein Kerl, und fürchte dich nicht!«
Kořenář stand auf, ging auf den Bürgermeister zu, der mit vorquellenden Augen auf ihn schaute – dann war ein mächtiger Knall zu hören, und der Bürgermeister fiel vom Stuhl.
Alle klatschten in die Hände, und Machlíček rief: »Seht ihr, das ist ein unparteiischer Mensch! Den müssen wir zu unserem Gemeindepolizisten machen! Wer ist dafür?«
Alle zwölf Mitglieder der Gemeindevertretung erhoben sich zum Zeichen ihres Einverständnisses.
»Kořenář ist also zum Gemeindepolizisten gewählt worden!« rief der Bürgermeister, der sich wieder aufgerappelt hatte. »Und jetzt, Kořenář, gebe ich dir als dein Vorgesetzter den dienstlichen Auftrag: Gib Machlíček zwei ordentliche Ohrfeigen!«
»Zu Befehl, Herr Bürgermeister!« erwiderte Kořenář und gab Machlíček zwei so schallende Ohrfeigen, daß man ihn erst nach vieler Mühe wieder zum Bewußtsein bringen konnte.
So also wurde Kořenář unser Gemeindepolizist.

12. Lektion
Von allerlei Tieren

Der Hund des Herrn Hauptmann

Der Herr Hauptmann hatte eine Überraschung für die Stammtischrunde im Offizierskasino. Und diese Überraschung gelang ihm so vollständig, daß der Oberleutnant Vašatka sich vergaß und statt der üblichen deutschen Bestellung »Ein Bier, Herr Wenzel!« dem Kellner zurief: »Pivo, pane Václave!«

Der Herr Hauptmann, ein eingefleischter Hundefeind, brachte nämlich an diesem Tage ins Kasino einen Hund mit. »Das ist ein Militärhund, der kommt aus Italien«, erklärte er, als sich die Überraschung etwas gelegt hatte, »den hat mir meine Nichte mitgebracht.«

Oberleutnant Vašatka hatte sich mittlerweile gefaßt und sprach nun wieder deutsch: »Bitte, wie ist das zu verstehen: ein Militärhund?«

»Das wissen Sie nicht?« ließ sich der Herr Hauptmann mit seiner tiefen Baßstimme vernehmen, vor der die ganze Kompanie zitterte. »Dieser Hund gehört zu denen, die sich die italienische Armee in letzter Zeit zugelegt hat, um feindliche Streifen aufzuspüren. Bei den letzten Manövern wurden sie zum erstenmal eingesetzt.«

»Und«, fügte Oberleutnant Křečan, ein großer Zyniker, hinzu, »die Zigeuner in Piemont haben sie mit großem Appetit verspeist.«

Der Herr Hauptmann überhörte absichtlich diese Bemerkung und fuhr fort: »Meine Nichte war nämlich in Turin, und dort ist es ihr gelungen, diesen Hund aufzutreiben. Meine Herren, mit dem muß man italienisch reden, nicht wahr, mio caro?«

Der Hund sprang auf und knurrte.

Dieser Vorfall hatte sich am Nachmittag ereignet. Und bis

zum Abend wurde an dem Tisch von nichts anderem gesprochen als von Hunden, und zwar von Militärhunden, von deren Gattung ein Exemplar unter dem Tisch lag und langsam den weißen Handschuh des Herrn Hauptmann zerbiß, der diesem aus der Tasche gefallen war.
Es war gerade sieben Uhr abends, als der Feldwebel den Raum betrat und salutierte: »Melde gehorsamst, Herr Hauptmann, in unserer Fahne haben sich Motten eingenistet!«
Das war das zweite aufregende Ereignis dieses Tages.
»Unsere Fahne!« Dieses Wort war für die Soldaten der Garnison – oder sollte es wenigstens sein – ein Wort, das den Rücken straffte.
Wer als Rekrut einrückte, konnte zwar nicht begreifen, warum man eigentlich um diese Fahne ein solches Geschrei machte, aber kaum war er einige Tage beim Militär, flüsterte auch er schon mit heiliger Scheu: »Unsere Fahne!«
Diese Fahne war mit einem Geheimnis umgeben. Kein Soldat hatte sie je gesehen, nur der Korporal erklärte immer: »Wenn ihr an der Tür vorbeigeht, dort, wo zwei Mann Wache stehen, müßt ihr wissen: Hinter dieser Tür befindet sich unsere Fahne, nicht ›Fangle‹, Sie dort rechts hinten! Mensch, wenn Sie nochmals ›Fangle‹ sagen, lasse ich Sie einsperren! Also: u n s e r e F a h n e!«
Der Herr Feldwebel wieder wußte von dieser Fahne so viele schöne Dinge zu erzählen: »Sie ist nicht mehr ganz, nur noch etwa die Hälfte ist da, die andere Hälfte hat uns der Feind abgeschossen, aber unsere Kompanie hat mit dieser Fahne immer gesiegt, und wenn der Fähnrich fiel, umklammerte er sie mit letzter Kraft und rief noch im Niedersinken: ›Vorwärts!‹ Das muß sich jeder von euch merken: Die Fahne ist etwas Heiliges, und unsere Fahne ganz besonders. Denkt stets daran: Wenn wir einmal mit dieser Fahne ausziehen, müssen wir siegen; und wenn man uns erschießt, dürfen wir die Fahne nicht loslassen, sondern müssen rufen: ›Vorwärts!‹ – dann werden wir alles leicht schaffen.« So redete sich der Herr Feldwebel in Feuer.
In dieser Fahne also hatten sich am 2. Oktober die Motten eingenistet.

Der Herr Hauptmann band sich den Säbel um und verließ mit seinem Hund das Kasino.
Der Feldwebel folgte ihnen in ehrerbietiger Entfernung.
»Wie ist das gekommen?« wandte sich der Herr Hauptmann draußen zum Feldwebel um.
»Die Wache sah heute aus der Kammer, in der sich die Fahne befindet, Motten herausfliegen. In der Kammer hat die Frau Hauptmann ihren Pelz und ihren Muff«, erwiderte der Feldwebel betreten.
»Habe ich Sie nach dem Pelz gefragt?« polterte der Herr Hauptmann. »Also: In der Fahne sind Motten?«
»Jawohl!«
»Dann muß die Kammer sofort neu geweißt werden. Für diese Zeit kommt die Fahne auf den Flur meiner Wohnung, auf die linke Seite, dort wo die Sonne hinscheint!« ordnete der Herr Hauptmann an. »Wissen Sie, dort, wo am Kleiderhaken mein Wollschal hängt, den ich bei kaltem Wetter trage. Bis die Kammer geweißt ist, steht die Wache vor dem Korridor meiner Wohnung. Abtreten!«

Es vergingen einige Tage. Die Kammer wurde geweißt, die Fahne, die »etwas Heiliges« war, stand neben dem Kleiderständer, an dem der Wollschal des Herrn Hauptmanns hing, und der Militärhund lernte inzwischen einige Kunststückchen, zum Beispiel, den Soldaten, wenn sie vom Essenholen kamen, das Kochgeschirr aus der Hand zu schlagen und die Knödel zu verschlingen.
»Das ist ein kluger Hund«, erzählte der Hauptmann im Kasino, »jeden Tag lernt er etwas Neues. Meiner Nichte hat er einige Briefe zerbissen, und nun weint das arme Kind. Kürzlich brachte er mir ein Geldtäschchen ins Zimmer, das er vom Tisch meiner Nichte genommen hatte. Nun bringe ich ihm bei, daß er, wenn ich nach dem Mittagessen im Garten spazierengehe und pfeife, mir meinen Wollschal holt. – Die Militärhunde haben im Krieg eine große Zukunft. Diese Rasse verfügt nämlich über einen sehr feinen Geruchssinn. Meine Herren, ob Sie es glauben oder nicht – wenn sich meine Nichte ans Klavier setzt, wittert das mein Hund, noch ehe sie zu

spielen anfängt, und beginnt zu heulen, selbst wenn wir vor der Stadt sind.«

Der Herr Hauptmann beherrschte vorzüglich das Offizierslatein.

»Aber das werden Sie mir sicherlich nicht glauben wollen: Vor unserer Fahne hat er große Hochachtung und macht vor ihr Männchen. Kurz und gut«, fuhr der Herr Hauptmann fort, »ich habe Hunde nie ausstehen können, aber diesen habe ich wirklich gern. Meine Herren, betrachten Sie nur seine Augen! In diesen Augen ist ein solcher Ausdruck von Klugheit, daß, wenn einer nur diese Augen sähe, er nicht sagen würde, es seien die Augen eines Hundes.«

Wenige Tage später sagte der Herr Hauptmann im Kasino mit ernster Stimme: »Ich weiß, daß Sie mir nicht alles geglaubt haben, was ich Ihnen von meinem Hunde erzählte. Um Ihnen den Beweis zu liefern, daß der Hund wirklich so klug ist, wie ich Ihnen gesagt habe, lade ich Sie alle ein, morgen nach dem Mittagessen, etwa um zwei Uhr, zu mir in den Garten zu kommen. Ich stelle mich dann in die Mitte des Gartens, pfeife meinem Hund – und sie werden sehen: Im Nu ist er da und bringt meinen Wollschal.«

An diesem Tag verließ der Herr Hauptmann das Kasino früher als sonst und machte mit dem Hund noch einige Versuche, die zufriedenstellend verliefen.

Der Schal war aber ganz staubig geworden. »Das Dienstmädchen soll den Schal ausklopfen!« sagte er beim Abendessen zu seiner Frau.

Am nächsten Tag ging der Herr Hauptmann um zwei Uhr nachmittags in den Garten. Noch einmal erklärte er den vollzählig versammelten Offizieren: »Ich stelle mich jetzt in die Mitte des Gartens und pfeife. Im nächsten Augenblick ist mein Hund da und bringt mir meinen Wollschal. Also Achtung – ich pfeife!« Er tat es.

Eine Weile geschah nichts.

»Was macht denn das Mistvieh heute?« schrie der Herr Hauptmann.

»Er kommt ja schon und trägt etwas im Maul«, bemerkte einer der Anwesenden.
Das Gestrüpp teilte sich, und vor der überraschten Gesellschaft legte der Militärhund des Herrn Hauptmann die heilige Fahne nieder, die weit mehr zerrissen war als zuvor.
Mit einem Satz war der Herr Hauptmann am Haus und mit einigen weiteren Sätzen in seiner Wohnung. Auf dem Korridor stand neben dem leeren Kleiderständer die Fahnenstange mit den Resten des schmutzigen Fahnentuches.
»Wo ist mein Schal?« schrie er in die Küche, wo sich seine Nichte zu schaffen machte.
»Den hat vor ein paar Minuten das Dienstmädchen zum Klopfen geholt.«
Als der Hund den Schal nicht am Kleiderständer fand, hatte er die Fahne von der Stange gerissen und sie gehorsam gebracht, damit sich der Herr Hauptmann das Fahnentuch um den Hals schlingen könnte.

Es dauerte nicht lange, da holte ein Hundehändler den Militärhund ab und verkaufte ihn an eine Milchfrau.

Drei Männer und ein Hai

Wir verbrachten die ganze Nacht sehr bewegt, woran kein Zweifel bestehen kann, wenn man weiß, wie sich unsere Gesellschaft zusammensetzte: außer mir, dem Redakteur der Zeitschrift »Die Welt der Tiere«, gehörten dazu Mestek, Schlangenbändiger und Direktor eines Flohzirkus, und Švestka, Inhaber eines Karussells, einer amerikanischen Schaukel und einer Schießbude. Alle drei waren wir Menschen recht fragwürdiger Existenz, und wären wir Besitzer von Visitenkarten gewesen, hätte jeder von uns, wollte er nicht als Betrüger gelten, zu seinem Titel das Wörtchen »ehemaliger« hinzufügen müssen, also: ehemaliger Redakteur der Zeitschrift »Die Welt der Tiere«, ehemaliger Schlangenbändiger, ehemaliger Karussellbesitzer und so weiter.

Wenn es auf der Welt Exkönige und Exkaiser gibt, warum sollte dann nicht auch ein Ex-Flohzirkusdirektor existieren?
Als wir gegen Morgen mit roher Gewalt eine Gruppe unschuldiger Studentlein aus einem Kaffeehaus gejagt hatten, beruhigten wir uns; vielleicht kann man auch sagen, es stellte sich die Reaktion ein. Wir fanden nun weder Gefallen am Spiel von Harmonika und Zither noch am Winseln der betrunkenen Damenkapelle, auch nicht an Schlägereien in den Lokalen oder am Verulken der Polizisten.
So beschlossen wir, einen Bummel durch Prag zu machen.

Als wir in die Altstadt kamen, wurde plötzlich unser Interesse geweckt: Das Personal einer Seefischhandlung war nämlich gerade damit beschäftigt, im Schaufenster einen Gegenstand aufzuhängen, der dieses von oben bis unten ausfüllte – ein Tier, das einem Fisch ähnlich sah. Mestek, der Schlangenbändiger, vermutete, es sei ein Seehund; Švestka, der Inhaber eines Karussells und einer amerikanischen Schaukel, sagte, es sei eine Meerjungfrau, ich aber, ehemaliger Redakteur der Zeitschrift »Die Welt der Tiere«, ging vorsichtshalber in das Geschäft und erkundigte mich, was das für ein Fisch sei.
»Das ist ein junger Hai«, lautete die Antwort »kein Fisch, denn er bringt lebende Junge zur Welt!«
»Aber der da ist doch schon verendet, nicht wahr?« bemerkte ich, um überhaupt etwas zu sagen.
»Was fällt Ihnen ein!« entrüstete sich der Verkäufer. »Dieser junge Hai wurde mit einer Harpune erlegt und ist nicht »verendet«, verstehen Sie? Jetzt ist er künstlich eingefroren.«
»Was kostet ein Kilogramm?«
»Wir verkaufen nicht Haie in Portionen. Das hier ist übrigens ein Reklameexemplar. Über Nacht kommt es immer auf Eis. Wollen Sie aber einen Seefisch zum Braten, so können wir Ihnen empfehlen: Seezunge, Scholle, frischen Dorsch, und wir geben auch eine Anleitung mit, wie man Seefische zubereitet.«

Ich kaufte ein halbes Kilogramm Scholle und kehrte zu meinen übernächtigten Kumpanen zurück.
»Ein sechzehn Monate alter Hai«, sagte ich, »bei der Insel Helgoland gefangen, getötet durch einen Schuß aus einem Kanonenboot, nachdem er ein Unterseeboot versenkt hatte, das ihn mit einem Torpedo in die Luft sprengen wollte. Ein Reklameexemplar. Über Nacht kommt es immer auf Eis.«
Der ehemalige Schlangenbändiger und Flohzirkusdirektor, Mestek, versank in tiefes Nachdenken. »Kommt mit ins ›Goldene Schiff‹!« forderte er uns auf. »Ich glaube, mit dem Hai läßt sich etwas machen.«

Im Gasthaus »Zum goldenen Schiff« wollte man uns mit meinem Päckchen Seefisch nicht ins Lokal lassen. So teilten wir denn die Scholle ehrlich an zwei Fleischerhunde aus, die sich, nachdem sie den Fisch beschnuppert hatten, verächtlich abwandten und wütend zu bellen begannen.
Wir aber durften nun das Lokal »Zum goldenen Schiff« betreten. Wir setzten uns an einen Ecktisch, bestellten je einen Kognak und warteten gespannt, was uns Mestek zu sagen hatte.
»Vor Jahren«, begann Mestek nach langem Stillschweigen, »besaß ich eine gläserne Kiste. Darin hatte ich eine Ringelnatter. Die gab ich als Junges einer Tiger-Riesenschlange aus, die sich mit einer Klapperschlange gepaart hatte. Ich ließ Plakate drucken, fuhr mit ihr durch ganz Mähren und verdiente an ihr 500 Gulden. Wenn wir nun einen wirklichen Hai kaufen, sind wir in vierzehn Tagen Millionäre.«
Wir steckten die Köpfe zusammen, und der Wirt blickte immer wieder mißtrauisch zu unserem Tisch, nachdem er einige Brocken unseres im Flüsterton geführten Gesprächs aufgeschnappt hatte: »Kiste – Reklame – Hai – Millionen – Kapitalsache!«
Einmütig waren wir der Ansicht, daß wir Mestek mit dem Ankauf des Haies betrauen sollten, weil er von uns die meisten praktischen Erfahrungen mit Tieren hatte.
Bereitwillig machte sich Mestek sofort auf den Weg. Etwa nach einer Stunde kam er zurück und sagte: »Der Hai gehört

uns! Gleich wird er da sein. Er kostete samt Kiste 70 Gulden.«

Von diesem Augenblick an begann unsere Wunderfahrt mit dem Hai, an die ich noch jetzt die schönsten und angenehmsten Erinnerungen habe.

Wir beschlossen, mit dem Hai nur in Kleinstädte zu fahren, wo die Menschen nicht durch den Besuch von Filmen verwöhnt waren, wo sie nichts Sensationelles zu sehen bekamen und daher unseren Hai mit reinem, unverdorbenem Herzen aufnehmen würden. Unser Hai würde für sie den Zauber des Unbekannten, des Schreckens und der Furcht ausstrahlen, hier würde er aufrichtige Bewunderer finden.

Der erste solche Ort war Strakonitz. Wir brachten den Hai gleich ins größte Gasthaus.

Während ich in die Druckerei ging, um die Plakate zu bestellen, sprach Mestek mit dem Wirt. Er versprach ihm einen ungeheuren Besuch und forderte ihn auf, sich den Hai, der in seinem großen Sarg auf dem Hof lag, einmal anzusehen.

Als der Wirt das Ungeheuer erblickt hatte, verlegte er sofort eine für den nächsten Tag vorgesehene Tanzveranstaltung und stellte uns den Saal kostenlos zur Verfügung.

Inzwischen verfaßte ich in der Druckerei folgenden Plakattext:

DER SCHRECKEN DER NORDMEERE!
EINE TRAGÖDIE AUF DEM MEERESGRUND!

Den Einwohnern der Stadt Strakonitz haben wir ein nie dagewesenes Schauspiel zu bieten – den Blick auf einen Hai, der bei der Insel Helgoland gefangen wurde. Dieser Hai wurde nach erbittertem Kampf durch einen Schuß aus einem Kanonenboot getötet, nachdem er ein Unterseeboot versenkt hatte, das ihn durch ein Torpedo hatte in die Luft sprengen wollen. Volle zwei Monate hat er sein Unwesen in der Nordsee getrieben und war der Schrecken der Fischerboote und der Auswandererdampfer. In seinem Magen wurde die Leiche von Kapitän Trästön, Admiral Sr. Hoheit des Königs von Dänemark gefunden. Wir geben nachstehend eine Liste der letzten Opfer, die von dem Meerungetüm verschlungen wurden:

Hans und Marie, Kinder eines armen Fischers aus Stralsund

Wilhelmus Borus, Student der Theologie aus Schleswig

Vladimír Novotný, tschechischer Auswanderer aus Beraun

Jim Demlop, Ober-Seekontrolleur von Großbritannien, Ritter des Julien-Ordens, Abgeordneter für den Distrikt London

Capistranus Matheus, Kanonikus und Bischof von Navarra und Palermo, päpstlicher Vikar

Nur einen Tag zu besichtigen!
Versäumen Sie nicht, morgen, den 15. Mai, zwischen 2 Uhr nachmittags und 7 Uhr abends ins Gasthaus »Beseda« zu kommen!
Eintritt 30 Kreuzer. Schulkinder in Begleitung der Eltern zahlen die Hälfte.

Wie man sieht, ergänzten wir drei einander hervorragend. Jeder von uns war in diesem wichtigen Augenblick an seinem Platz:
Der ehemalige Inhaber eines Karussells, einer amerikanischen Schaukel und einer Schießbude verstand es, ein solches Plakat in so lieber und freundlicher Weise selbst an eine Kirchentür zu kleben, daß er keinen der Gläubigen verletzte und daß ihm sogar der Kirchendiener dabei half.
Mestek wandte sich inzwischen an den Herrn Schulrat und erklärte, für arme, aber fleißige Schüler, die von den Herren Lehrern bestimmt werden, sei die Besichtigung des Haies kostenlos.
Zur gleichen Zeit war ich im Rathaus, um den Herrn Bürgermeister persönlich einzuladen. Er war der Typus eines südböhmischen Demokraten. Kräftig drückte er mir die Hand und sagte: »Ein Hai? Ausgezeichnet! Ich liebe Haie. Beißt er auch nicht? Schon tot? Dieses Ungeheuer müssen wir uns ansehen. Ich komme mit der ganzen Stadtvertretung.«
Schlimmer war es schon mit dem schwerhörigen Pfarrer. Es dauerte lange, bis ich ihm erklärt hatte, daß wir kein Wander-

unternehmen seien, gegen die er voreingenommen war. Als ich ihm endlich klargemacht hatte, daß wir einen Hai zu zeigen hätten, erzählte er etwas von dem Walfisch, der den Propheten Jonas verschluckt hat. Ganz offensichtlich hatte er Gehirnschwund und war von seiner Vorstellung nicht mehr abzubringen, denn schließlich rief er den Kaplan und sagte zu ihm: »Mein Lieber, gehen Sie doch mit diesem Herrn! Er will Ihnen einen Walfisch zeigen.« Dabei wackelte ihm das Kinn.

Der Kaplan hängte sich wie eine Klette an mich; erst auf dem Marktplatz hatte er begriffen, daß es sich um einen Hai handelte. Da sprach er etwas von Rätseln der Natur, wodurch Mißtrauen gegen die Vorsehung Gottes erwachse, doch schließlich verabschiedete er sich glücklicherweise von mir.

Auch die Gendarmeriestation suchte ich auf. Der Kommandant war ein fortschrittlicher Mensch; er schlug mir kräftig auf die Schulter und sagte: »Daß ihr mir aber nichts mitgehen heißt, ihr Komödiantenvolk und Zigeunerpack!« Als ich sagte, es handle sich um einen Hai, bemerkte er mit der für Gendarmen typischen Aufschneiderei, er habe schon einige tausend Haie gesehen, und wenn das, was wir zeigten, kein richtiger Hai wäre, ließe er uns alle einsperren.

Ein Studienrat in Ruhe, der seinen Lebensabend in Strakonitz verbrachte, lud mich zum Mittagessen ein und würzte die ganze Mahlzeit mit klugen Sprüchen, wobei er die Theorie vertrat, die Wissenschaft dulde keine Dogmen, weil sie sich der Relativität aller Erkenntnis bewußt sei. Ich bedauerte jedoch nicht, den alten Herrn kennengelernt zu haben, denn er besaß ein Konversationslexikon, aus dem ich mir für meinen Vortrag alles Wissenswerte über den Hai herausschrieb.

Um zwei Uhr war der Saal der »Beseda« so gedrängt voll, daß kein Apfel hätte zu Boden fallen können. Auf dem Podium stand die Kiste mit dem Hai. Die Leute gingen mit solcher Ehrfurcht an das Podium heran, als wären die Reliquien von Heiligen zu küssen. Zuerst hielt ich einen fesselnden Vortrag über Meeresungeheuer. Dann baten wir um freiwillige Beiträge, die es uns ermöglichen sollten, den unglücklichen Hai ausstopfen zu lassen.

Um drei Uhr kamen die Schulkinder mit dem ganzen Lehrkörper. Ich entsinne mich noch eines kleinen Mädchens, das sich fürchtete und laut heulte, doch die Lehrerin schleppte es mit Gewalt zum Haifisch.
Die Stadtvertretung kam um vier Uhr. Der Bürgermeister gab ein Fünfkronenstück und ließ sich nichts zurückgeben.
Das war ein glücklicher Tag! Das Geld rollte nur so in unsere Taschen.
Mestek machte an der Leiche des Haies die Bekanntschaft einer Witwe und blieb bei ihr über Nacht. Ich schlief beim Bürgermeister, Švestka aber mußte auf der Gendarmeriestation bleiben, weil es in einem anderen Gasthaus zwischen ihm und dem Flurheger zu einer Rauferei gekommen war; der Flurheger hatte nämlich unseren Hai mit der Behauptung beleidigt, es sei gar kein Hai, sondern ein Delphin; er müsse das genau wissen, schließlich habe er ja bei der Marine gedient.
Als wir uns am Morgen alle wieder vor der »Beseda« trafen, empfing uns der gestern so ungemein freundliche Gastwirt sehr grob. Er sagte, unser Hai stinke fürchterlich; seine Frau habe die ganze Nacht nicht schlafen können, und am Morgen habe man den Arzt holen müssen. Allen sei schlecht, sogar dem Hausknecht, der seit aller Herrgottsfrühe Rum trinke. Wir sollten das Ungeheuer gleich aus dem Saal holen und uns nie wieder in der »Beseda« blicken lassen, sonst schlage er uns Komödianten alle Knochen entzwei.
Er war völlig im Recht. Mit dem Hai war über Nacht eine schicksalhafte Veränderung vor sich gegangen, und der Zerfall seiner körperlichen Überreste erfolgte sehr rasch.
Ich schlug vor, den Hai einzubalsamieren. Dieser Vorschlag fand allgemeine Zustimmung. Wir kauften also 5 Flaschen Kölnischwasser und noch irgendein Parfüm, ich glaube, es war Patschuli, und besprengten damit unseren Hai; schließlich gossen wir ihm auch ein gehöriges Quantum ins Maul.
Dann luden wir den Hai auf einen Wagen und fuhren mit ihm nach Vodňany.
Dort warf man uns aus der Sokol-Turnhalle, die wir zuerst aufsuchten, hinaus, und dabei hätte uns dieser Saal wegen seiner Geräumigkeit besonders gefallen.

Doch als wir vier weitere Flaschen Kölnischwasser über unseren Hai ausgegossen hatten, nahm man uns im Restaurant »Národní dům« (Volkshaus) auf.
Dann ging alles sehr schnell: Plakate, Agitation, ungeheurer Besuch.
Der Hai strömte einen so fürchterlichen Gestank aus, daß im Saal alles in Ohnmacht fiel. Wir drei konnten uns auch kaum auf den Beinen halten, denn wir hatten eine Flasche Kognak nach der anderen getrunken, um alles gut zu überstehen.
Ich kann mich nicht mehr entsinnen, wer uns eigentlich verhaftet hat, aber in der Nacht erwachte ich im Spritzenhaus. Rechts von mir schlief Mestek, links Švestka.
Am Morgen mußten wir wegen irgendeines Delikts Strafe zahlen; ich glaube, es war wegen eines Vergehens gegen den Schutz der Gesundheit.
Wir erlebten nicht einmal das Begräbnis unseres Haies. Er wurde auf Kosten der Gemeinde Vodňany beerdigt. Unser Schrecken der Nordmeere wurde verscharrt – wie eine krepierte Katze.
Unbekannt ist mir seine letzte Ruhestätte. Auf seinem Grab steht kein Kreuz, obwohl doch nach unserem Plakat ein hoher geistlicher Würdenträger in seinem Magen lag: Capistranus Matheus, päpstlicher Vikar, Kanonikus und Bischof von Navarra und Palermo.
Ruhe sanft, mein lieber Hai!

CHLODWIG POTH

Elternalltag
Band 2441

Taktik des Ehekrieges
Band 2484

Wie man das Volk vertritt
Band 2491

Die Vereinigung von Körper und Geist mit Richards Hilfe
Ein heiterer Liebesroman
Band 8034

Fischer Taschenbuch Verlag

Erich Kästner

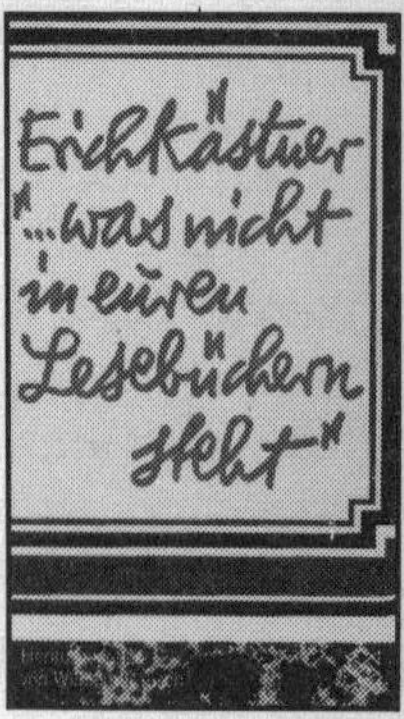

Die kleine Freiheit
Chansons und Prosa
mit Zeichnungen von
Paul Flora
Band 1807

Der tägliche Kram
Chansons und Prosa
Band 2025

Notabene 45
Ein Tagebuch
Mit Zeichnungen von
Paul Flora
Band 2246

„...was nicht in euren Lesebüchern steht."
Hrsg.: Wilhelm Rausch
Band 875

Wer nicht hören will, muß lesen
Eine Auswahl
Band 1211

Fischer Taschenbücher

Leonie Ossowski

Leonie Ossowskis literarische Arbeit hat viele Gesichter. Die Expertin für junge Milieu-Opfer hat selbst vier Jahre lang als Bewährungshelferin gearbeitet. Den Stoff für ihre Rundfunkreportagen und Fernsehfilme, für ihren preisgekrönten Jugendroman »Die große Flatter« und die »Mannheimer Erzählungen« hat sie in Obdachlosensiedlungen, in Erziehungsheimen und Gefängnissen entdeckt. In ihrem ebenfalls verfilmten Roman »Weichselkirschen« zeigt sie sich als Romanautorin mit großem Verständnis für historische Vorgänge und der Fähigkeit, Menschen mit dem Blick für das Charakteristische, mit Wärme und Gemüt zu zeichnen – und mit Humor.

Weichselkirschen
Roman. Band 2036

Die große Flatter
Roman. Band 2474

Blumen für Magritte
Erzählungen. Band 8037

Fischer Taschenbuch Verlag

Jean Webster

Jean Webster, verwandt mit Mark Twain, wurde 1876 in Fredonia im Staat New York geboren. Ihr erstes Buch ›Wehn Patty went to College‹ erschien 1903. Berühmt wurde die Autorin durch den Roman ›Daddy-Long-Legs‹, 1912, und seine Fortsetzung ›Dear Enemy‹, 1915. Jean Webster starb im Jahr 1916 nach der Geburt ihrer Tochter.

Daddy Langbein

Roman. Band 2410

Dieser zauberhafte Briefroman und die Verfilmung mit Leslie Caron und Fred Astaire liefen um die ganze Welt. Die Übersetzung der großen Journalistin und Schriftstellerin Margret Boveri ist ein literarisches, dem Original kongeniales Meisterwerk.

Lediglich ein schmaler langer Schatten muß Judy, dem Waisenkind, genügen, um sich den reichen Unbekannten vorzustellen, der sie aus dem grauen John-Grier-Heim herausholt und aufs College geschickt hat und dem sie als einziges Entgelt in regelmäßigen Briefen über ihren Bildungsfortschritt berichten muß. Aber schnell wird aus den Pflichtbriefen ein fast tägliches Bedürfnis, diesem gewissen Mr. Smith, den sie lieber Daddy Langbein nennt, von den Schwierigkeiten ihres neuen Lebens zu erzählen, vom Glück der ersten Bildungserlebnisse und Erfolge, von ihren Sehnsüchten und Träumen...

Lieber Feind

Roman. Band 2417

Jeder, der die Geschichte von Judy Abbott und ›Daddy Langbein‹ kennt und liebt, wird auch an diesem Briefroman seine helle Freude haben. Judy Abbott ist mit Daddy Langbein verheiratet. Sie betraut ihre College-Freundin Sallie mit der Leitung ihres einstigen Waisenhauses, des John-Grier-Heims. Und obwohl Sallie, ein hübsches rothaariges Mädchen von schottisch-irischer Eigenwilligkeit, vorhatte, bis zur Heirat mit einem hoffnungsvollen jungen Politiker ein sorgenfreies Leben zu genießen, und an ihre Eignung zur Waisenhausvorsteherin nicht recht glauben mag, stürzt sie sich doch mit Feuereifer in die Arbeit.

Von ihren Sorgen im Heim und mit dem Hausarzt Dr. Robin MacRae erzählt Sallie in ihren Briefen an Judy. aber auch an Dr. MacRae, ihren »lieben Feind«, richtet sie viele empörte Briefe, bis sie schließlich erkennt, daß dieser eigentlich ihr bester Freund ist.

Fischer Taschenbuch Verlag